Hermann Schröder

Die künstliche Deformation des Gebisses

Hermann Schröder

Die künstliche Deformation des Gebisses

ISBN/EAN: 9783743341173

Hergestellt in Europa, USA, Kanada, Australien, Japan

Cover: Foto ©berggeist007 / pixelio.de

Manufactured and distributed by brebook publishing software (www.brebook.com)

Hermann Schröder

Die künstliche Deformation des Gebisses

Die künstliche Deformation des Gebisses.

Inaugural-Dissertation

verfasst und der

hohen philosophischen Fakultät

der

K. Bayer. Friedrich-Alexander-Universität Erlangen

zur

Erlangung der Doktorwürde

vorgelegt von

Hermann Schröder

aus Verden a. Aller.

Tag der mündlichen Prüfung: 13. Januar 1898.

Berlin.
A. Klarbaum, Kochstr. 73.
1898.

Dem Andenken

seines verstorbenen Vaters

und

seiner teuren Mutter

in Dankbarkeit

gewidmet

Der Verfasser.

INHALT.

Die künstliche Deformation des Gebisses.

I. Teil:
    Ueber Körperverunstaltung im allgemeinen.

II Teil:
    1. Die geographische Verbreitung der Zahnumgestaltungen im weitesten Sinne.
    2. Die einzelnen Formen der Zahnumgestaltung.
    3. Die räumliche Abgrenzung der einzelnen Formen.
    4. Gründe und Zwecke der Zahnumgestaltung.

Teil I.

Ueber Körperverunstaltung im allgemeinen.

Bei dem vergleichenden Studium der Sitten und Gebräuche der Völker ist es, vom modernen Kulturstandpunkte aus betrachtet, eine auffallende Thatsache, dass mehr noch als die anmutigen, leicht erklärlichen und nützlichen Gebräuche sich die merkwürdigsten, oft ganz sinnlosen und tollsten Gewohnheiten wiederholen.

Verständlich erscheint es uns, wenn alle Völker mit einigen Ausnahmen zum einfachen und doppelten Dezimalsystem gelangten, weil sie die Finger beim Zählen zu Hülfe nahmen, oder wenn die Zeichen- und Gebärdensprache europäischer Taubstummer zusammentrifft mit den gleichen Verständigungsmitteln nordamerikanischer Rothäute.

Merkwürdiger schon berührt uns die Thatsache, dass sich die Freundschaftsbesiegelung durch Namensaustausch nicht nur in Polynesien, sondern auch in Nordamerika bei den Mohawkindianern (Tylor 1) und in Südafrika bei den Makololo und Zulukafirn (Livingstone 2) findet, oder wenn sich nicht nur sämtliche Eskimo (Barrow 3), sondern auch Australier (Gerland 4) durch Reiben der Nase begrüssen.

Staunen müssen wir jedoch, wenn wir die scheinbar unnatürlichsten Gebräuche, die Verunstaltungen des Körpers, wie Hautmalerei und Tättowierung, künstliche Deformation des Schädels und des Gebisses oder die verschiedenen, manchmal ganz seltsamen Haartrachten bei den abgelegensten und äusserlich am wenigsten sich nahestehenden Menschen wiederfinden.

„Es ist erstaunlich", ruft Chapman (5) bei der Betrachtung der Sitten der Damara aus, „welche Aehnlichkeit in den Handlungen der menschlichen Familie über die Welt hin herrscht; selbst die Damara üben hier Gebräuche, die ganz mit denen der Neuseeländer übereinstimmen, wie das Ausschlagen der Vorderzähne und das Abschlagen des kleinen Fingers."

Die Verunstaltungen des Körpers sind hauptsächlich bei den Völkern anzutreffen, die am wenigsten mit ihrer Bekleidung Luxus treiben, man kann sie daher, besonders die Tättowierung und das Bemalen des Körpers, als einen Ersatz der Kleidung und des Schmuckes ansehen. Nur die Verunstaltungen sind sei solchen Völkern imstande, ihre Gefallsucht zu befriedigen.

„Weil sie ihre Kleider nicht besticken können, besticken sie ihre Haut", sagt Gauthier (6). Auch A. von Humboldt (7) macht darauf aufmerksam. Nach ihm wird bei der Mehrzahl der Indianer Amerikas die Kleidung durch Hautmalerei ersetzt. „Wo dies der Fall ist, regt sich das Schamgefühl bei Männern und Weibern, wenn sie unbemalt erblickt werden."

Derselbe Autor fügt noch hinzu, dass man am Orinoco die grösste Dürftigkeit mit den Worten ausdrücke: „Der Mensch ist so elend, dass er seinen Leib nicht einmal zur Hälfte bemalen kann."

Wie tief die Sucht, den Körper zu schmücken oder zu kennzeichnen, in der Natur dieser Völker sitzt, geht daraus hervor, dass sie geduldig alle Lasten, selbst Schmerzen und Torturen ertragen, nur um das höchste an Schmuck zu leisten. „Der grösste Teil ihrer Gedanken", sagt Ratzel (8), „geht auf die Verzierungen des Körpers aus; diese Völker sind in ihren Kreisen grössere Modenarren, als die in der Kultur höchststehenden."

Wenn wir Europäer davon hören, wie sich gut gestaltete Naturmenschen durch Deformation des Schädels, durch Scheiben und Pflöcke in Lippen und Wangen, durch Ausschlagen der Zähne entstellen, und den Kopf schütteln über diesen unausgebildeten Geschmackssinn, dann denken wir nicht daran, dass auch wir „Civilisirten" selbst häufig wahre Körperschönheit durch Anwendung der tollsten Moden vernichten.

Das Ohrlöcherstechen, das wir als Akt der Weihe bei südamerikanischen Indianern finden, haben wir es nicht auch bei uns, wo es angewandt wird als Schmuckmittel der Töchter?! Oder ist es nicht ein ebenso unsinniger Gebrauch des weiblichen Geschlechtes, sich Brust und Atmungsorgane einzuschnüren, um schön zu erscheinen, als die künstliche Verunstaltung des Schädels, wie sie von vielen Indianerstämmen ausgeführt wird?

Ein auffallendes Objekt gewaltsamer Eingriffe und Umgestaltungen im Dienste des subjektiven Schönheitsgefühls bilden die Zähne. Dass sie in dieser Richtung eine besondere Rolle spielen, ist leicht erklärlich, denn sie sind ein so wichtiges und vor allen anderen auffallendes Organ, dass selbst die kleinsten Veränderungen, mögen sie rein physiologischen oder pathologischen Ursprungs oder durch äussere Einflüsse erworben sein, eine sichere Gewähr leisten, als Merkmal eines Individiums zu gelten. Es unterliegt keinem Zweifel, dass die Zähne, für sich allein betrachtet, einen gewissen Einfluss auf den Gesichtsausdruck ausüben, mehr noch bei farbigen Völkern, als bei der weissen Rasse.

Was fällt in dem schwarzen Antlitz der Neger mehr auf, als das Weisse, als die Zähne und das Weisse im Auge? Es ist auch ersichtlich, dass ein Gesicht ohne Zähne anders aussieht, als ein solches mit Zähnen, wie ferner ein vollständiges Gebiss dem Antlitz einen anderen Ausdruck giebt, als ein unvollständiges, lückenhaftes, schlecht erhaltenes und gepflegtes.

Es giebt kaum ein Volk, das den Wert der Zähne in dieser Richtung unterschätzt. Bei kultivierten Völkern gelten in der Regel schöne, weisse und intacte Zähne als Schmuck des Gesichtes, als wertvolles Merkmal des Einzelnen. Im alten Testament finden wir darüber Stellen; so sagt Solomo, indem er die Kirche Gottes beschreibt und sie als schönes Weib darstellt, im Hohenlied 4, 2: „Deine Zähne sind wie die Herde mit beschnittener Wolle, die aus der Schwemme kommen, die allzumal Zwillinge tragen und ist keines unter ihnen unfruchtbar."

Joseph Murphy (9) berichtet in seiner Naturgeschichte der menschlichen Zähne, dass die Eingeborenen von Hindostan, besonders die Brahminen, um ihre Zähne äusserst besorgt sind: „Jeden Morgen, wennn sie aufstehen, reiben sie ihre Zähne mit den Zweigen eines fruchttragenden Feigenbaumes, während sie zu gleicher Zeit ihre Gebete zur Sonne richten, um den Segen des Himmels auf sich und ihre Familie herabzuflehen."

Nicht nur indische Dichter preisen weisse, schöne Zähne als einen Schmuck des Gesichtes: „Der Geliebte", führt Murphy (9) an, „indem er die Reize seiner Herrin aufzählte, unterliess nie, als besonders anziehend, die Weisse und Regelmässigkeit der Zähne anzuführen"; — auch Catullus spricht, die Schönheit der Panthea beschreibend, von ihren weissen und schön gestalteten Zähnen und vergleicht sie mit einem Halsbande der schönsten und brillantesten Perlen.

Ebenso hat Ovid schöne, intakte Zähne für einen grossen Reiz gehalten, denn er sagt, indem er sich an eine schöne Dame wendet: „An der Weisse deiner Zähne sehe ich, welche Aufmerksamkeit du den Grazien schenkst."

Ein jeder weiss, was schöne, weisse Zähne bei uns Europäern gelten, dass sie eine Waffe mit sind im Kampf um die Existenz, nicht allein um des äusseren Anblicks willen; ein gutes, wohlgepflegtes Gebiss ist auch die Grundlage einer guten Ernährung.

Während der Kulturmensch alles aufbietet, seine Zähne zu erhalten, oder deren Verlust durch die Kunst zu ersetzen, nehmen die Naturvölker an diesem wichtigen, beinahe unentbehrlichen Organe ganz abnorme Verstümmelungen vor, indem sie ihre Zähne teils kurz oder spitz feilen, teils auf künstliche Art färben oder auch ganz ausschlagen.

Wir dürfen jedoch aus der Gewohnheit, die Zähne zu verunstalten, nicht den Schluss ziehen, dieses Organ sei den Naturvölkern gleichgiltig; sie haben nur eine falsche Vorstellung von der Funktion des Gebisses und scheuen sich daher nicht, beliebte Muster an diesem wichtigen Organe anzubringen.

Dass ihnen die Natur mit ihm die grossartigsten Tischmesser verliehen hat, werden sich die Wilden schwerlich immer bewusst sein, wohl aber gelten ihnen die glänzenden, in die Augen springenden Zähne als ein Schmuck, der besonders geeignet ist, zugleich Träger ihrer Abzeichen und Stammesmerkmale zu sein.

Ich möchte es nicht unterlassen, hier ein Beispiel anzuführen, das mehr wie alle anderen geeignet ist, uns die falsche Vorstellung der Wilden von der Funktion und dem wahren Werte des Gebisses deutlich vor Augen zu führen. Unter den Sswahilileuten, die sich während der Berliner Kolonialausstellung 1896 in Treptow befanden, war auch ein Mann aus Lindi vertreten, dem links oben zwei Molaren, rechts unten aber alle drei fehlten. Diese Zähne sollen gezogen worden sein, und zwar nach seiner Landsleute Aussage, die er selbst grinsend bestätigte, nur aus Bravour (9a).

Dass der unkultivierte Mensch wirklich nur infolge der verkehrten Auffassung von der Funktion des Gebisses und nicht etwa aus Gleichgiltigkeit seine Zähne verstümmelt, geht wohl am besten aus der Thatsache hervor, dass auch solche Naturvölker, die eine starke Verstümmelung ihrer Zähne vornehmen, daneben die sorgfältigste Pflege des Gebisses beobachten, wie das aus folgenden Notizen, die verschiedenen Reisebeschreibungen entnommen sind, ersichtlich ist.

Von den Eingeborenen im Süden des unteren Kongo berichtet Dr. Wolff (10):

„Bei den Kongoleuten fehlen meist die beiden mittleren Schneidezähne, d. h. sie sind entweder ausgezogen oder gewöhnlich über der Wurzel abgebrochen; seltener sieht man sie ausgefeilt, so dass nur die respektiven äusseren Kanten stehen bleiben."

Hieran anschliessend, fährt er unmittelbar fort: „Zugleich will ich den in Europa sehr verbreiteten Glauben, dass die Neger ihre Zähne nicht putzen, berichtigen. Es putzen wohl in Europa sehr wenig Menschen ihre Zähne so vielfach und so ausgiebig."

Von den Loangonegern, bei denen die Verunstaltung des Gebisses vielerseits konstatiert ist, heisst es in dem Reisebericht der Loango-Expedition (Falkenstein 11): „Ihre Reinlichkeit ist unter den Weissen der Küste allgemein anerkannt, sie geht so weit, dass sie nach jeder Mahlzeit den Mund mit Wasser spülen und die prächtigen Zahnreihen mit dem Zeigefinger von etwa anhaftenden Resten befreien, in einzelnen Fällen sogar ausgefaserte Hölzchen als Bürsten zu demselben Zwecke benutzen."

Soyaux (12) berichtet Aehnliches: „Der Loangoneger liebt die Reinlicheit, badet oft und säubert sich nach jeder Mahlzeit Mund, Zähne und Hände."

Von allgemeinem Interesse dürften ferner noch folgende Notizen über Zahnpflege sein.

Von den Eingeborenen der Insel Nauru berichtet Senfft (13): Die grösste Sorgfalt wird auf die Pflege des Haares und der Zähne verwandt, die letzteren sind ausschlaggebend für die Beurteilung der Schönheit, und der gegen eine Nauru-Eingeborene erhobene Vorwurf, sie habe fehlerhafte oder schmutzige Zähne, wird als eine grobe, kränkende Beleidigung aufgefasst" — der beste Beweis, dass auch unkultivierte Völker ein grosses Gewicht auf die Pflege des Gebisses legen.

Dem Berichte von Professor Geiger (13a) über die Singhalesen entnehme ich folgendes:

„Auch in das intimere Familienleben gewinnt man manchen Einblick, namentlich wird mit rührender Ungeniertheit öffentlich Toilette gemacht. Eine Hauptrolle spielt dabei die Reinigung des Mundes und der Zähne, die mit höchst anerkennenswerter Ausdauer und Gründlichkeit besorgt wird".

Von den Sierra-Leone-Negern erzählt Hermann Soyaux (14):

„Auffallend war mir, dass fast jeder Neger ein gelbes, süssholzähnliches Stäbchen im Munde hielt oder an einem Ende pinselartig zerbissen hinter dem Ohre trug. Das Stäbchen dient zum Reinhalten der Zähne und in der That habe ich bei den ohnehin wegen ihres schönen Gebisses berühmten Negern nie so perlenähnliche, glänzend weisse Zähne gesehen, als gerade in Sierra-Leone und einigen demselben benachbarten Plätzen der Oberguineaküste."

„Einen ganz besonderen Wert," sagt Hugo Zöller (15), „legen die Neger sowohl auf die Pflege ihrer elfenbeinfarbenen Zähne, die sie beständig mit einem grossen, gleichzeitig Zahnbürste und Zahnpasta vertretenden Stäbchen säubern, als auch auf die Anordnung — des Haares."

Von den Eweleuten im deutschen Togogebiete berichtet Dr. Ernst Henrici (16): „Die Zahnpflege ist eine sehr sorgfältige; nach jeder Mahlzeit reinigt man sich die Zähne mit einem vorn etwas aufgesplitterten Stückchen Holz etwa von der Länge und Dicke eines Bleistiftes." Schon in einem alten Werke (17) findet sich über die Zahnpflege an der Goldküste folgende Notiz: „Artus bemerket, dass die Schwarzen grosse Sorge tragen, ihre Zähne, die wie Elfenbein sind, vor aller Fäulnis zu bewahren, indem sie solche mit einem dazu dienlichen Holze (Villault saget, es komme von Akkani) reiben."

Welches Holz hier gemeint ist, ist ja für unsere Untersuchungen schliesslich gleichgültig, ich möchte aber dennoch eine hierauf bezügliche Notiz Dr. Oskar Lenz' (18) anführen: „Auch findet sich hier (Hamada am Wad Merkala) ein Strauch, der kleine schwarze Beeren liefert, die sehr gut gegen Magenleiden sein sollen, während Splitter des Holzes von den Arabern gekaut werden, um die Zähne rein zu halten. Die Sitte, eine gewisse Holzart zum Reinigen der Zähne zu verwenden, findet sich auch bei vielen Negervölkern des tropischen Afrika."

Paul Reichard schildert uns auf Seite 361 seines Werkes „Deutsch-Ost-Afrika" die Procedur des Zähneputzens bei den Wanyamwesistämmen ausführlich und zwar folgendermassen:

„Zuerst wird der Mund mit warmem Wasser ausgespült und mit dem Zeigefinger über die Zähne gefahren; dann werden die Zähne mindestens eine halbe Stunde gebürstet, gerieben und gereinigt, jedoch ohne weitere Zuhilfenahme von Wasser und zwar mit einem fingerdicken Holz, dessen zähe Fasern an einem Ende pinselartig zerkaut werden und so die Bürste ersetzen."

Diese Angaben dürften genügen, um zu zeigen, dass auch unkultivierten Völkern die Zahnpflege nicht fremd ist, wenn gleich schon unter ihnen Ausnahmen vorkommen.

So berichtet Schellong (19) von den Bewohnern der Neu-Hebriden: „Alle haben ein mächtiges Gebiss aufzuweisen mit gleichmässig gestellten, schmutzig weissen, ungeputzten Zähnen."

Von den Massai in Ost-Afrika erzählt H. H. Johnston (20): „Die Zähne sind gewöhnlich sehr hässlich. Sie sind oft kariös, aber selbst, wenn sie gesund sind, stehen sie schiefwinklig aus dem purpurroten, missfarbigen Zahnfleisch hervor."

Es unterliegt wohl keinem Zweifel, dass auch die „glücklichen Wilden" ihren Zähnen manche böse Stunde verdanken, obgleich wir sehr wenig über Zahnoperationen und Krankheiten der Zähne bei ihnen hören. Dass aber auch für den freien Natursohn der Zahnschmerz ein häufiges Uebel ist, dürfte vor allem die Thatsache beweisen, dass manche wilden Stämme besondere Mittel anwenden, die Zahnschmerzen zu behandeln und zu beseitigen, dass sie sogar zur Beseitigung der Zähne Instrumente konstruiert haben, die unsern modernen Zahnzangen nicht unähnlich sind.

Die Behandlung der Zahnschmerzen bei den Australnegern Victorias besteht in Bananen-Umschlägen oder in tagelanger Einsperrung des Kranken. Die Giljaken wenden ein Amulett an, das Zahnschmerz vertreibt. Es besteht aus einem kleinen in roher Ausführung in Holz geschnitzten Menschenkopf, dessen ganze untere Gesichtshälfte durch einen herumgelegten Lappen eingehüllt wird.

Aus Sokotó von den Haussanegern hat Robert Flegel Instrumente, die bei Zahnoperationen in Anwendung kommen, mitgebracht und dem Museum für Völkerkunde in Berlin einverleibt. Von diesen wird das eine, mit Namen Massassaki, zum Lockern des Zahnfleisches benutzt, während die anderen Instrumente Zangen sind — twarteki — genannt, mit welchen die Zähne ausgezogen werden. Diese Zangen sind unsern modernen Zangen nicht unähnlich (20a). Unerwähnt möchte ich ferner nicht lassen, dass Bentley einheimische Ausdrücke der Kongoneger für Schmerzen in den Vorderzähnen und für Zahnschmerz im allgemeinen in seinem Werke über die Kongoneger-Sprache (20b) anführt.

Immerhin ist nicht anzunehmen, dass die Wilden in demselben Masse unter diesem Uebel leiden, als wir Europäer, denn ihr Gebiss ist kräftiger und durch starken Gebrauch mächtig entwickelt und somit widerstandsfähiger, es reinigt sich fortwährend selbst durch die gröbere und festere Nahrung, während der Kulturmensch von seinen Kiefern und Zähnen einen immer geringeren Gebrauch macht; die verfeinerte Küche entspricht annähernd einem Nichtgebrauche des Gebisses, und so wie alle Teile, welche aufhören, im Gebrauch zu sein, in der Grösse und Widerstandsfähigkeit vermindert werden, so sind auch die Zähne diesem allgemeinen Gesetze unterworfen.

Die Zahndeformierung ist eine alte, allgemein unter den Naturvölkern verbreitete Sitte, mit der sich schon manche Ethnologen, unter ihnen besonders Jhering, eingehend beschäftigt haben.

Er hat in seiner umfassenden und verdienstvollen Arbeit ein grosses, das Spezielle der Sitte betreffendes, litterarisches Material zusammengehäuft. An der Hand dieses Materials, dass er teils Schädelsammlungen, teils Reisebeschreibungen und seinen eigenen Erfahrungen verdankt, versucht er, der Zahndeformierung eine besonders ethnographische Bedeutung beizulegen, indem er nach dem Vorkommen ihrer Formen verschiedene Rassen umgrenzen zu können glaubt.

Die einzelnen Ergebnisse, zu denen der Verfasser gelangt, sind heute vielfach anfechtbar.

Neue Forschungen haben das litterarische Material vervollständigt, so dass es sich lohnen dürfte, noch einmal auf Grund des jetzt vorhandenen Materials zu prüfen, ob die Jheringsche Einteilung durchführbar ist, und ob man der künstlichen Zahnumgestaltung den ethnographischen Wert beilegen kann, den ihr dieser Forscher zuschreibt.

Neben der exakten Untersuchung der geographischen Verbreitung der Formen der Zahnumgestaltung scheint es mir für die Beurteilung der ethnologischen Bedeutung dieser Sitte auch darauf anzukommen, von welchen Prämissen man ausgeht und welcher Grundansicht man sich anschliesst.

In dieser Hinsicht stehen sich zwei Richtungen gegenüber. Die eine schreibt die Wiederholung identischer Gebräuche und Anschauungen weit von einander getrennter Völker dergleichen Thätigkeit des menschlichen Geistes unter gleichen Bedingungen zu. — Die andere Richtung folgert aus der Aehnlichkeit der Künste, Gebräuche oder Sagen verschiedener Völker deren genetischen Zusammenhang, deren Blutsverwandschaft. Am besten und am richtigsten dürfte man handeln, beide Faktoren in Betracht zu ziehen, auf den ersteren jedoch mehr Gewicht zu legen. „Es ist ausserordentlich unwahrscheinlich", sagt Darwin (21) „dass diese von so vielen Nationen befolgten Gebräuche (Verunstaltungen) die Folge einer aus gemeinsamer Quelle herrührenden Tradition sein sollen. Sie deuten vielmehr auf die Uebereinstimmung des Geistes beim Menschen, zu welcher

Rasse er auch gehören mag, ebenso wie es der fast allgemeine Gebrauch des Tanzens, Maskierens und Verfertigens roher Bilder thut." Wenn die verschiedensten Völker zu gleichen Vorstellungen gelangen, so liegt das auch wohl nicht am wenigsten daran, dass sie unter gleichen Umständen und Verhältnissen leben. Es ist wohl kaum zu leugnen, dass die umgebende Natur hinsichtlich der Psychologie der Völker eine vorwiegend bestimmende Rolle spielt. Von der umgebenden Natur sind sie insgesamt abhängig, ihr müssen sie sich in ihrer Lebensweise und in allen ihren Sitten anbequemen. Und dann ist es ein Grundgedanke, ein Irrtum, der allen gemeinsam ist, nämlich der, dass der Mensch sich im Verkehr glaubt mit unsichtbaren Mächten, dass er glaubt, sie beeinflussen und sie zur Folgsamkeit zwingen zu können.

Alles, was ihm unnatürlich vorkommt, was abweicht von dem normalen Gange der Entwicklung, hat für ihn, besonders für den Naturmenschen, etwas Mysteriöses, er bringt es in Verbindung mit diesen Mächten.

Um einen Einfluss auf sie zu gewinnen, wendet er alle möglichen sinnbildlichen Gebräuche und geheimen Kraftsprüche an. Hieran schliesst sich alles Symbolische und Rituelle, hieran schliessen sich auch die auf einer abergläubischen Einbildung beruhenden merkwürdigen Gebräuche und Unsitten.

Es dürfte vielleicht in den Rahmen unserer Arbeit passen, wenn hier einige abergläubische Ansichten und Gebräuche, die sich auf die Zähne beziehen, angeführt werden.

Es kommt, wenn auch seltener vor, dass Kinder schon mit einzelnen Zähnen im Munde geboren werden. Diese kleine Abnormität macht in den Augen der Menschen das ganze Wesen des neuen Abkömmlings abnorm. An mehreren Orten Deutschlands sagt man daher auch: „Wenn ein Kind mit Zähnen geboren wird, ist es verhext." Dasselbe ist der Fall, wenn die oberen Schneidezähne vor den unteren durchbrechen (22); ein Aberglaube, dem man bei afrikanischen Völkern ebenfalls begegnet. „Auch hier (Deutsch-Ostafrika) herrscht", so berichtet Lieutenant Storch (23), „wie überall der Brauch, die Kinder zu ermorden, wenn sie nicht regelmässig zahnen; erst müssen die unteren, dann die oberen

Schneidezähne erscheinen." Aehnliches berichtet A. Bastian (24) von den Negern im Süden des unteren Kongo. Sehr auffallend ist auch der Umstand, dass man Tierzähne in Beziehung zum Kinde bringt, wahrscheinlich um deren tüchtige Beschaffenheit auf die hervorsprossenden Kindeszähne zu übertragen. Besonders sind es die Zähne der Maus und der Ratte, die nicht bloss ganz allgemein in Deutschland, sondern auch bei einzelnen recht entfernt wohnenden Völkerschaften, wie den Altmexikanern und Neuseeländern, mit den Kinderzähnen in Verbindung gebracht werden. Ploss (25) hat die verschiedenen Gebräuche gesammelt und giebt davon eine interessante Beschreibung.

Was ferner, selbst wenn die nötige Litteratur vollständig vorhanden wäre, eine Umgrenzung und Bestimmung der Rassen nach dem Gesichtspunkte der Zahndeformierung erschwert, ist die Unbeständigkeit der Rassenmerkmale und der gegenseitige Austausch von Sitten und Gebräuchen, die Folge des direkten oder indirekten Verkehrs unter den Völkern, so dass es heutzutage kaum einen Menschenstamm giebt, der eine einzige Eigentümlichkeit, ein einziges Kennzeichen für sich als Alleingut oder als festes Abgrenzungszeichen von anderen Völkern aufzuweisen hat.

Diese allgemeinen Betrachtungen jedoch sind von untergeordneter Bedeutung. Ueberzeugend und aufklärend können nur die Ergebnisse und Schlüsse wirken, die man aus der exakten Untersuchung der Ausbreitung der Zahnumgestaltung und ihrer Formen ziehen darf.

Das zusammengesuchte Material ist deshalb in der Weise bearbeitet worden, dass ich zuerst die geographische Verbreitung der Zahnumgestaltung, im weitesten Sinne des Wortes gefasst, aufgestellt habe.

Im zweiten Teile habe ich innerhalb des im ersten gefundenen Gebietes eine Anzahl charakteristischer Formen unterschieden.

Im dritten Teil wird untersucht, ob die einzelnen Formen in gewissen Gebieten für sich gesondert oder mit andern gemischt vorkommen.

Der vierte Teil handelt von den Ursachen und Zwecken der Zahnumgestaltung.

II. Teil.

Die geographische Verbreitung der Zahnumgestaltungen im weitesten Sinne.

Indem ich die Verbreitung der Zahnumgestaltungen im weitesten Sinne auseinandersetze, schliesse ich mich, da meine Arbeit auf dem Gebiete der Völkerkunde liegt, an diejenige Einteilung der Völkerrassen an, die Oskar Peschel in seiner bekannten Völkerkunde aufgestellt hat. Ich wähle diese Klassifikation, nicht weil ich nicht wusste, dass dagegen erhebliche Einwände gemacht sind und gemacht werden können, sondern weil bis zur Zeit noch keine andere aufgestellt worden ist, die sich gleich allgemeiner Anerkennung erfreut hätte, wie diejenige Peschels.

Von den sieben Völkerrassen, welche Peschel aufgestellt hat, sind es nur fünf bezw. sechs, bei denen die Zahnumgestaltung im grösseren oder geringeren Massstabe nachgewiesen ist: nämlich die Australier, die Papuanen, die mongolenähnlichen Völker, die Dravida, die Neger und aus der grossen mittelländischen Rasse die Hamiten.

So bleiben nur die Hottentotten und Buschmänner übrig als diejenige Rasse, bei der sich die Zahnumgestaltung nicht findet.

Allerdings muss gleich hier bemerkt werden, dass man bezüglich der Hamiten wohl die Vermutung aufstellen darf, dass der Gebrauch der Zahnumgestaltung bei ihnen kein ursprünglicher gewesen ist, sondern zu ihnen von benachbarten Sudannegern vorgedrungen ist. Die Berechtigung dieser Ansicht geht aus dem Umstande hervor, dass nur diejenigen der Hamiten Zahnumgestaltung ausüben, welche entweder mit Negerblut gemischt sind oder mit Negern in nachbarlichen Beziehungen stehen.

Demnach kennt die grosse Masse der Hamiten, namentlich, soweit sie frei von Negerbeimischung sind, den in Rede stehenden Gebrauch nicht.

Bei den beiden anderen Hauptteilen der mittelländischen Rasse, den Semiten und den Indoeuropäern findet sich keine Spur davon.

Was die grosse Gruppe der mongolenähnlichen Völker anbelangt, so sind es von dieser nur die Malayen und die Ureinwohner Amerikas, die sogen. Indianer, die ihre Zähne zu verändern pflegen. Bei den übrigen Vertretern der mongolischen Rasse trifft man diese Sitte nur ganz vereinzelt an. Offenbar liegt auch hier eine gelegentliche Nachahmung von Gebräuchen benachbarter Völker vor.

Wenden wir uns nun der Verbreitung der Zahnumgestaltung bei den beteiligten Rassen zu, so besprechen wir zuerst die Australier, d. h. die Eingeborenen des australischen Festlandes und seiner Nachbarinsel Tasmania.

Neben der Angabe Georg Gerlands (26) in seinem ausgezeichneten Atlas der Völkerkunde, dass sich der Gebrauch des Zahnausschlagens bei den ausgestorbenen Bewohnern Tasmaniens und den meisten Stämmen des australischen Festlandes findet — ausgenommen ist nach ihm nur das Gebiet in der Umgebung des Spencer Golfes, ferner das Gebiet am unteren Murrayflusse und eine Landzunge, die sich von da bis an den Eyre-See erstreckt — müssen die Macquarie- und Goulbournstämme, ferner einige Stämme am Cooper-See hier angeführt werden.

Leider finden sich in dem letzten Bericht über Australien, den Professor Semon (27) veröffentlichte, keine bestimmten Angaben über die Ausbreitung der Zahnumgestaltung unter den Eingeborenen.

Die Papuanen zerfallen in australische und asiatische; bei den australischen Papuanen findet sich der Gebrauch der Zahnumgestaltung nach Uhle (28) unter den Eingeborenen Neuguineas in der Gegend des Wamukaflusses, ausserdem auf Wageu.

Prof. Wilhelm Sievers erwähnt die Sitte von den Bewohnern des Kaiser-Wilhelmslandes und der Inseln des Bismarckarchipels. Ueber Neumecklenburg geht die Sitte nicht hinaus, auf den Salamonen fehlt sie bereits. Nebenbei sei noch erwähnt, dass Gerland in seinem Atlas den Brauch der Zahnumgestaltung angiebt für die Nordwestküste von Neu-Guinea und zwar von der äussersten Westspitze bis in die Gegend der Friedrich-Heinrich Insel, sowie für die Gruppe der Neuen-Hebriden, für welche es auch Eckart (29a) bestätigt.

Die asiatischen Papuanen erstrecken sich auf die kleinen Sundainseln, die Molukken, die sogen. Negritobevölkerung der Philippinen und einzelne Waldstämme auf der Halbinsel Malaka.

Teils nach Gerland, teils nach neueren Quellen, wie z. B. Jakobsen und Kühn (30) und W. Kückenthal (31) sind es von den kleinen Sundainseln namentlich die Eilande, Timor, Letti, Babber, Tenimber (Timorlaut), Arru und Kei, welche hier in Betracht kommen. Bezüglich der Molukken ist der Gebrauch für Ceram, Amboina, Buru, Halmahera (Djilolo) nachgewiesen.

Auf Malaka dürften die Orang-Benua zu den asiatischen Papuanen zu rechnen sein, und auch die Bewohner der Nikobarengruppe wollen wir in diesem Zusammenhange nennen.

Die Malayen sind derjenige Zweig der mongolenähnlichen Rasse, welche die Umgestaltung ihres Gebisses in grösstem Massstabe vornehmen, aber in starker Intensität findet sich diese Sitte doch nur bei den asiatischen Malayen, während die australischen (Mikronesier und Polynesier) sie nur vereinzelt zeigen

Bezüglich der asiatischen Malayen kann man wohl sagen, dass sie mit wenigen Ausnahmen alle ihr Gebiss verändern; ich nenne auf Sumatra beispielsweise die Atjinesen und die Batak, von den kleinen Nachbarinseln Sumatras kommen hier namentlich Mentawei, Nias und Bangka in Betracht.

Auf Java deformieren die Sundanesen und die Javanen, sowie die Bewohner des benachbarten Madura, auf Celebes die Stämme der Tonapo, Tobada, Tokulabi, Bugi, Toradscha und Makassaren, sowie die Bewohner von Menado ihr Gebiss.

Auf Borneo hebe ich die Dajaken, die Kayan, die Sibnowan und die Ngadyus als zähnedeformierende Stämme hervor.

Auf den Philippinen reicht der Gebrauch von Mindanao bis nach Luzon und von da auf die benachbarten Suluinseln. Weiter erstreckt er sich zu den Pepos auf Formosa, endlich findet er sich auch bei den Bewohnern von Madagaskar, deren Hauptstamm, die Hova, unzweifelhaft malayischen Ursprungs sind.

Von den australischen Malayen (Mikronesiern und Polynesiern) wurde schon oben gesagt, dass sich die Zahnumgestaltung nur vereinzelt bei ihnen findet.

Wir begegnen ihr nach Professor Meinicke (32) auf den westlichen Inseln der Karolinen und auf den Marianen nach Professor W. Sievers (33) auf den Palauinseln, nach Gerland auf den Tongainseln, auf der Manahikigruppe (Penrhyn), auf Hawai und nach einer Notiz von Dampier (34) auch bei den Maori auf Neuseeland; doch ist dies die einzige Notiz, welche sich darüber findet.

Von den festländischen Mongolen sind es die Bahnars und Cedans in Hinterindien und die Miao-tse im Inneren Chinas (Ihering 35, Uhle), welche an ihren Zähnen herumarbeiten, ferner die japanischen Frauen, sowie die Bewohner von Birma, Tongking und Siam. Doch liegt die Vermutung nahe, dass es sich hier nicht um eigentliche Siamesen und Tongkinesen handelt, sondern dass diese auch Malayen sind, die man ja in allen diesen Ländern, namentlich an der Küste, antrifft.

Immerhin ist die Möglichkeit nicht ausgeschlossen, dass dieser Gebrauch, von den Malayen ausgehend, sich auch auf die genannten Völker erstreckt hat.

Begeben wir uns über den Grossen Ozean nach Amerika und beginnen wir im Norden dieses Erdteiles unsere Betrachtung, so finden wir Zahnumgestaltung zunächst bei den Thlinkiten, welche Peschel zu den Beringsvölkern rechnet, letztere aber bilden einen Zweig seiner grossen „mongolenähnlichen" Rasse.

Von den Indianern sind es eine Reihe von Stämmen, die in unser Bereich fallen. Es sind von Norden nach Süden genannt zunächst in Mittelamerika und Mexiko die Huazteken, die Azteken, Tlaskalteken, die Zapoteken, die Maya, die Nahua und Kueba; letztere auf der Landenge von Panama.

Bei diesen Völkern gehört der Gebrauch der Zahnumgestaltung zum grössten Teil der Geschichte an.

Während in Mexiko und Mittelamerika die Zahnumgestaltung sich im räumlichen Zusammenhange vorfindet, tritt sie in Südamerika in räumlich scharfer Abgrenzung auf.

Von Norden nach Süden gehend, treffen wir sie zuerst bei den Goayra, bei den Kumanakoto auf der äussersten Nordspitze Südamerikas, dann bei den Tschibtsa auf dem Hochlande von Columbien, bei den Manta und Guankavilka, an dem Golf von Guayaquil, bei den Chocoindianern und bei den peruanischen Völkern. Ganz vereinzelt zeigt sie sich bei einigen Stämmen des inneren Südamerika, z. B. bei den Guatos im Quellgebiete des Paraguay, endlich bei den Miranja an dem Mittellaufe des Japura. Waitz (36) beschreibt ferner die Färbung der Zähne bei den Chaymas in Guyana und Ratzel (37) das Ausbrechen der Zähne bei den Feuerländern.

Die vierte Völkergruppe, die Peschel unterscheidet und als Dravida bezeichnet, übt die Zahnumgestaltung in ganz beschränktem Masse; nur bei dem Volksstamm der Kader habe ich sie konstatieren können.

Immerhin ist es auffallend, dass ein Volk wie die Dravida, das von anderen, die Zähne nicht deformierenden Stämmen rings umgeben ist, sich, wenn auch nur teilweise, dieser Sitte angeschlossen hat. Man könnte vielleicht an eine frühere malayische Einwanderung in Vorderindien denken und hierauf die Existenz der Dravida zurückführen; dann wäre allerdings das Vorkommen der Zahndeformierung bei diesem Volke leicht erklärlich.

Der klassische Erdteil für die Zahnumgestaltungen ist jedoch Afrika im Sinne des Wohngebietes der Negervölker. Dem Herkommen entsprechend teilen wir diese in Sudanneger und Bantuneger ein und im Interesse der Uebersichtlichkeit unterscheiden wir innerhalb dieser beiden Hauptabteilungen mehrere einzelne Gebiete.

Im Sinne des Gebietes von der Mündung des Senegal bis nach Kap Palmas findet sich die Zahnumgestaltung bei den Mandingo (Mellinke), den Soninkie, bei einem Fulbestamm am Senegal, bei den Nalu, Dsalonke, Susu, Temne, Mende, Kissi, Bullom, Wai, Gbese und Kru; doch mag hier gleich bemerkt werden, dass andere Stämme, unzweifelhaft negritischen Ursprungs, wie z. B. die Wolof, Serer, die Fellup und andere, soweit die Nachrichten reichen, ihre Zähne nicht verändern.

Im Gebiete des oberen Niger thun dies aber die Bambara, die Bidiga und die Wangaraua (Wakore), wenn man diese noch zu dem oberen Nigergebiet rechnen darf.

Auch von der farbigen Bevölkerung Bolamas (zur Bissagosinselgruppe vor der Küste Senegambiens gehörig) wird das Vorkommen der Zahndeformation erwähnt, wie auch von den Fulbe und Haussa und den heidnischen Bergvölkern Adamauas, schliesslich von den Ewe, Kratyi und Kebuhleuten Togos.

In Oberguinea, das vom Kap Palmas bis nach Kamerun hinreicht, huldigen ausser den zuletzt genannten Stämmen noch die Avekvom, die Aschanti (Asante) und Dahome diesem Gebrauche.

Derselbe findet sich auch bei einigen Stämmen am Schari.

Hier sind es die Somrao, Tummok, Sara und Bai, die ihr Gebiss verändern, während es alle anderen Stämme rings um diese herum, wenigstens nach Gerland und Barth zu urtheilen, nicht thun. Dagegen ist der Gebrauch bei den Mischstämmen der zentralen Sahara, wie bei den Tibbu, bei den Bewohnern von Borku, den Daza und Baele zu finden.

Das nächste Gebiet ist von der Tsadsee-Umgebung wieder ziemlich weit entfernt, es ist das Gebiet um den oberen Nil und zwar zu beiden Seiten desselben, etwa von der Einmündung des Sobatflusses bis hinunter zu den Seeen.

Die betreffenden Stämme, in der Richtung von Norden nach Süden genannt, sind:

die Schilluk, Dinka, Nuehr, Bor, Bongo, Dor, Mandari, Sir, Lattuka, Bari, Makraka, Njamnjam, Kredj (Fertit), Abukaja, Mundu, Luri, Schuli, Dinkaui, Jabilani und die Wanyoro.

Genannt werden müssen ferner die Golo und Isere, die Walumbi, Lendu, Wasogo und Scheffalu; endlich die Massai als der letzte Stamm der Sudanneger, der bereits tief nach Deutsch-Ostafrika hineinreicht.

Die Bantuvölker huldigen dem Gebrauche der Zahnumgestaltung in grossem Masse, aber auch hier muss man sagen, dass die Sitte keine ganz allgemeine ist.

So treffen wir z. B. in Niederguinea ein Gebiet, in dem zahlreiche Völker mit künstlich umgestalteten Zähnen leben, vom Aequator bis zur Mündung des Kongo, wo die Fan (Mpongwe oder Pahouin), die Balumba, Bafiote, Bawiti, Ballali, Bawendi, ferner die Bayaka, Kakongo, Muschikongo und Muserongo hierher gehören.

Von den letzteren Stämmen berichtet Pechuel-Loesche, dass bei ihnen die Sitte, die Zähne zu verstümmeln, nicht allgemein sei, sondern vielfach nur beliebig geübt würde, was man auch wohl für die erstgenannten Stämme annehmen darf.

Die nördlichsten Bantustämme der Westküste nehmen die Zahnumgestaltung nicht in dem Umfange vor, wie die weiter im Süden befindlichen, soeben aufgezählten Stämme.

Ich erwähne hier die im Kamerunschutzgebiete wohnhaften Bali, Bakwili, Banyang und Bayang und die Yaunde-Leute; schliesslich die Kalbongos, die Bewohner der Insel Rio de Rey westlich und südwestlich vom alten Kamerunflusse.

Südlich von den Muschikongo und den Mbundu folgt ein ziemlich grosses Gebiet, etwa von der Stadt Loanda bis zum Kap Negro reichend, wo Zahnumgestaltungen seltener vorkommen. Als Völker, die den in Rede stehenden Gebrauch kennen, kann ich nur die Ganguellas im Innern des portugiesischen Angola (unter 13° s. B. 37 E.), die Dschinganeger am Kuanza, die Ambuella (unter 14° ö. B. 37—38 E.) und die Luschaze in derselben Gegend anführen.

Auch die letzten Vorposten der Bantuvölker im Süden der westafrikanischen Küste, nämlich die Ovambo und die Ovaherero (Damara) üben die Zahndeformation aus.

Die Völker des inneren Zentral-Afrika, die in den Flussgebieten des Kongo und Sambesi wohnen, pflegen ihre Zähne ebenfalls vielfach zu verstümmeln.

Ich finde es beispielsweise bestätigt für die Balunda, Baschilange, Babemba, die Walegga, Baluba und Bakuba, für die Bassongo-Mino, Damba, Wabwira, Kalunda, Manyema, Wawira, Waholi, Barotse-Mambunda, Batoka, Bakololo und Makololo.

Von den Bewohnern Deutsch-Ostafrikas kann man wohl sagen, dass sie die Zahnumgestaltung nahezu allgemein ausführen.

Bestätigt ist es bezüglich der Landschaften Irangi, Ussambara, Useguha, Unguru, Usagara, Ukuti, Iramba, Khutu und Ukussu, schliesslich von Umbugwe.

Von einzelnen Stämmen werden die Wasaramo, Wadoe, Babena, Wanyamwesi, Wanika, Wanituru, Wassukuma, Djagga, Wagogo, Wakaguru, Watuta, Makonde, Wakomba und Wataiti genannt.

Vom Nordufer des Ukerewe-Sees, also ausserhalb des Gebietes von Deutsch-Ostafrika, füge ich die Basongo hinzu. Die Völker am Njassa-See haben fast alle den Gebrauch der Zahnumgestaltung, so die Massitu, die Matumbe, die Manganya (Wanyassa), die Marawi und die Magwangwara.

Das gleiche lässt sich wohl sagen von den Bewohnern des ostafrikanischen Küstenstriches von dem Rovumaflusse bis zur Mündung des Sambesi. Der Gebrauch wird angegeben bei den Matambwe, den Makua, Manyoro, Baroro und den Batoka.

Die südlichen Bantustämme lassen nach Fritsch und Magyar, auch nach Gerland, den Gebrauch der Zahnumgestaltung durchaus vermissen.

Bezüglich der hamitischen Völker wurde früher (p. 14.) die Vermutung ausgesprochen, dass, soweit sich die Zahngestaltung bei ihnen findet, sie als Nachahmung der Negersitte zu betrachten sei.

Sie wird bestätigt von den Wapokomo nahe dem Aequator, den Wafiomi, den Wakidi, Mangati, Wandorobo, Wakuafi und was allerdings sehr auffällig ist, von den Bedschah (Bischari).

III. Teil.

Deformationsformen.

Die Arten der Zahndeformierung sind sehr verschieden und mannigfaltig, wie auch die Manipulationen, die für ihre Ausführung in Gebrauch kommen.

Jedoch sind die vorkommenden Arten nicht unendlich an Zahl und von einer begrenzbaren Anzahl von Hauptformen beherrscht.

Auf Grund der zur Zeit vorliegenden Materialien glaube ich folgende Deformationsarten des Gebisses aufstellen zu können:

1. Die einfache Zuspitzung der Zähne.
2. Die Zacken- und Lückenfeilung.
3. Das Ausbrechen der Zähne.
4. Die Horizontalfeilung resp. Amputation der Zahnkrone.
5. Die Färbung der Zähne
   a) die einfache Färbung der Zähne,
   b) in Verbindung mit Farbenfeilungen.
   Hauptformen der Farbenfeilungen:
   1. Flächenfeilung,
   2. Furchenfeilung,
   3. Dellenfeilung,
   4. Relieffeilung.
6. Das Ausschmücken der Zähne mit Metall- oder Steineinlagen.
7. Das Verdrängen der Zähne aus ihrer Stellung.

Die unter diesen Hauptformen stehenden, an Zahl schwer zu begrenzenden Einzelformen zeigen die Grundformen häufig in wechselnden Verbindungen, Uebergängen und Variierungen, oder eine Grundform findet sich häufig deutlich ausgeprägt neben einer zweiten, auch dritten in demselben Munde vor.

Die am weitesten verbreitete, am häufigsten sich wiederholende Form ist unbestritten die einfache Zuspitzung; sie hat deshalb schon am längsten die Aufmerksamkeit der Forscher auf sich gelenkt.

Die Operation, die dahin zielt, die Krone des Zahnes zu bearbeiten, dass sie in eine Spitze ausläuft, wird mit verschiedenen Instrumenten, die dem Kulturzustande des betreffenden Volkes entsprechen, ausgeführt.

Feilen wird man nur da anwenden, wo sie durch die Berührung mit Europäern eingebürgert und bekannt geworden sind. In der Mehrzahl der Fälle bedient man sich roherer Instrumente, vor allem der Klinge und des Hammers — das Verfahren besteht also mehr in einem Behauen der Zahnsubstanz — auch Steininstrumente stehen als Ueberbleibsel einer älteren Kultur in Verwendung; in diesem Falle muss man dann besser von einem Abschleifen der Zahnsubstanz reden.

Selbst die Völker, die eine bewunderswerte Technik in der Verarbeitung des Eisens sich angeeignet haben, wie z. B. nach Schweinfurth die Monbuttu Afrikas entbehren der Feile, ihre Stelle vertritt Sandstein oder Gneis, auch Quarzstücke finden bei der Bearbeitung der Zähne Verwendung.

Ihering (38) teilt in seiner Arbeit über die künstliche Deformation des Gebisses von einigen Völkern Afrikas, von den Bewohnern Senegambiens, der Sierra-Leone und der Goldküste, von den Bullamern und den Fan mit, dass das Zuspitzen der Schneidezähne bei ihnen mit der Klinge geschehe; zugleich bedauert er sehr, dass von den Reisenden die Methoden dieser Art der Zahnumgestaltung wenig beobachtet und beschrieben wären. Er hält die Zuspitzung der Zähne durch Behauen mit der Klinge für eine Eigentümlichkeit der Negerrasse Afrikas: diese rohe Methode, die Zähne zuzuspitzen, findet sich aber auch in anderen Erdteilen wieder, z. B. unter den Drawidastämmen Vorder-Indiens.

In der Regel werden nur die Schneidezähne des Oberkiefers, manchmal auch die betreffenden Eckzähne oder beide Zahnreihen der Deformation unterworfen.

„Dass auch nur die unteren gespitzt werden, kommt nicht vor", sagt Ihering (38), eine Behauptung, die nach den neuesten Nachrichten nicht mehr aufrecht erhalten werden kann. Es sei an dieser Stelle auf eine Notiz E. Zintgraffs (39) über die Bali im nördlichen Hinterlande von Kamerun aufmerksam gemacht, nach der bei den Weibern dieses Stammes „nur die beiden unteren Schneidezähne zugespitzt werden".

Noch ist zu bemerken, das durch diese Notiz Zintgraffs eine andere Bemerkung Iherings, dass nämlich die einfache Zuspitzung nie zugleich mit dem Ausreissen der Zähne verbunden sei, ausser bei den Apono, ihre Giltigkeit verliert. (Vergl. angegebene Stelle).

Zumeist werden beide Geschlechter dieser Art der Deformierung unterworfen und zwar zur Zeit der Verheiratung oder Mannbarkeitserklärung.

Bemerkenswert ist es, dass die Zuspitzung bei ihrer grossen Verbreitung nur relativ selten mit andern Deformationsformen kombiniert erscheint.

Um die Ausbreitung der einfachen Zuspitzung festzustellen, lassen wir die Völker nach der Peschel'schen Anordnung an uns vorüberschreiten, indem wir zugleich prüfen, in wie weit sie sich dieser Art der Zahndeformation angeschlossen haben, welche Bedeutung sie dieser Verunstaltung beilegen und wie sie dieselbe ausführen.

Die Australier üben die einfache Zuspitzung nicht, wenigstens habe ich derartiges weder von den ausgestorbenen Tasmaniern, noch von den Bewohnern des festländischen Australien gelesen. Auch der letzte Reisebericht über diese Gegenden von Semon (40) erwähnt diesen Gebrauch nicht.

Dagegen haben sich die Papuanen, den Australiern und Tasmaniern am nächsten verwandt, dieser Sitte, allerdings nur vereinzelt, angeschlossen.

Bei den australischen Papuanen findet sich die Sitte, die Zähne zuzuspitzen nur an einer Stelle, nämlich an der Südwestküste Neuguineas.

Nach Finsch (41) feilen an der Südwestküste die Bewohner des Utanate die Zähne spitz.

Bei Uhle (42) heisst es: „Bei den Papuas auf Neuguinea findet sich der Brauch, die Zähne zuzuspitzen, nur an einer Stelle: in der Gegend des Wamukaflusses, ausserdem auf Wageu. Vor der Hand ist der Gebrauch, die Zähne zu deformieren, an der Südküste von Neuguinea nur einmalig gefunden."

Ueber die Motive der Papuanen bei der von ihnen ausgeübten Sitte, sowie über die Art der Ausführung ist in beiden Notizen leider nichts erwähnt.

Unter den asiatischen Papuanen sind es besonders die Negritos der Philippinen, unter denen man die einfache Zuspitzung angetroffen hat.

Von den von A. B. Meyer auf Luzon gesammelten Negritoschädeln sagt Virchow (43): „Die Zusammengehörigkeit dieser Negritoschädel wird in deutlichster Weise dargelegt durch ein höchst charakteristisches Zeichen, nämlich durch die vermittelst einer Feile in eine Sägeform gebrachte Zahnreihe. Es sind die Zähne, namentlich die vorderen, und von diesen wieder die des Oberkiefers, seitlich abgefeilt, sodass sie in scharfe Spitzen wie Raubtierzähne auslaufen, eine Art der Behandlung, welche der bisher bekannten malayischen geradezu widerstrebt, indem diese auf der vorderen Fläche der Zähne stattfindet und zugleich der untere Rand der letzteren geebnet wird."

Höchst merkwürdig ist es, dass beide Arten der Feilung schon von dem alten Thévenot (44) angegeben sind. Auch Semper (45) berichtet, dass es bei den Negritos der Philippinen allgemeine Sitte sei, dem Kinde nach eingetretenem Zahnwechsel die Zähne spitz zu feilen. A. Schadenberg (46) dagegen sagt: „Das Zähnefeilen ist durchaus nicht charakteristisch für die Negritos. Es tritt nur vereinzelt bei einigen Familien (Stämmen) auf und auch diese feilen die Zähne nicht von zarter Kindheit, sondern erst nach eingetretenem Zahnwechsel. Wo die Feilung Sitte ist, beschränkt sie sich auf die Schneidezähne, die dadurch ein sägeförmiges Aussehen erhalten."

Wenn es in der Auseinandersetzung Virchows heisst, die Zuspitzung sei eine Art der Behandlung, die der malayschen Zahndeformation geradezu widerstrebe, so haben neue Forschungen, die malayische Zahnfeilung betreffend — ich erwähne hier vor allem die bereits öfter angeführte Arbeit Uhles — gezeigt, dass diese Form den Malayen nicht fremd ist, sie lässt sich zur Zeit schon von einer ganzen Anzahl von Stellen des ostindischen Archipels belegen, wodurch eine Brücke zwischen den Papuanen Neuguineas und den Negritos der Philippinen geschaffen ist.

Ob man die Papuanen oder die Malayen als die ursprünglichen Träger der Sitte anzusehen hat, lässt sich heutigen Tages aber wohl kaum mehr entscheiden.

Das Vorkommen der einfachen Znspitzung unter Malayen betreffend findet sich schon bei Ploss (47) die Notiz: „Bei den Battas auf Sumatra feilt man den Kindern bei Abschluss der Kinderjahre die Zähne spitzig und schwärzt sie."

Ich habe diese Notiz erst zu würdigen gewusst durch die Ausführungen von Uhle, der in seiner Arbeit darauf aufmerksam macht, dass auch unter Malayen und bei einem nicht negritisch-papuanischen Volksstamme der Philippinen diese Art der Deformation sich fände, was er durch folgende Notizen belegt hat. Für die Philippinen gilt folgende Notiz: „Herr Montano. (48) Mission aux iles Philipp 1885 pl. 30 bildete photograhisch einen Bagobo-Schädel (Mindanao) ab, dessen Zähne einfache Spitzfeilung zeigen."

Für Sumatra: „Herr Veth (48) bildete schon 1881, Midden Sumatra, Ethnolog. Atlas p. 24 Fig. 4 eine Weise der einfachen Zuspitzung ab, wie sie in nebenstehender Figur wiedergegeben ist." Nach Uhle (48) werden ferner auf die Autorität von "Ackerlin hin den Knaben bei den Redjangs in Benkulen die Zähne spitz („runtjing") ohne Relieffeilung geschliffen. Ferner liessen nach Herrn Aeckerlin die Vorfechter in Kroë (Benkulen) ihre Zähne „sepih karan" spitz wie Mäusezähne feilen.

In Lais (Benkulen), so berichtet derselbe Autor (48), schleift man die unteren Zähne wie bei fleischfressenden Tieren.

Nach Waitz (49) haben die Bewohner der Mentaweiinseln dreieckig zugefeilte Zähne. Die Quelle für diese Notiz ist von Rosenberg (50), derselbe, der auch für Nias die Zuspitzung angegeben hat, deren Vorkommen auf der letzteren Insel jedoch heute vielfach in Abrede gestellt wird (48).

Auf Sumatra ist der Brauch ferner für die Bewohner von Lebong angegeben, und zwar von Veth (48), ebenso ist er von Djapara in Java brieflich garantiert (48).

Auch für Borneo ist die einfache Zuspitzung bestätigt: H. Keppel (51) berichtete schon 1847, dass die Sibnowans, ein heidnischer Stamm am Lundufluss in Nord-Borneo, spitz wie Haifischzähne gefeilte Zähne zeigen.

Schliesslich ist noch eine Notiz, die sich bei Herrn Ihering (52) findet und das Vorkommen der Zuspitzung von Madura und Celebes beweist, zu erwähnen: In der Wiesbadener Sammlung fand Virchow einen Schädel von Madura, nördlich von Java, einen von Menado und einen von Makassar, deren Zähne gleichfalls spitz gefeilt sind."

Merkwürdigerweise haben Sarasin und Jakobsen, soviel ich weiss, die einfache Zuspitzung unter Malayen nicht berichtet.

Die obigen Angaben genügen aber jedenfalls, um uns deutlich zu zeigen, dass die einfache Zuspitzung über ein grosses Gebiet im malayischen Archipel verbreitet und nicht nur eine Eigentümlichkeit der Papuanen und Negritos dieser Gebiete ist.

Unter den mongolenähnlichen Völkern sind ausser den Malayen auch von den Ureingeborenen Amerikas mehrere Stämme zu nennen, die sich der Umgestaltung des Gebisses durch einfache Zuspitzung der Zähne angeschlossen haben.

Dass in Amerika dieser Brauch sich findet, bemerkt auch Ihering (53) in seiner Arbeit, doch giebt er nur wenige Belege dafür. Er erwähnt, dass die nach Brasilien eingeführten Neger spitze Zähne haben, dass die Brasilianer (Indianer) in Pernambuco diese Sitte nachahmen. Ausserdem findet sich bei ihm noch die Bemerkung Tschudis: „Wie mir Dr. Kratochwil mitteilt, haben viele Indianer der Provinz die Gewohnheit, die Schneidezähne keilförmig spitz zuzufeilen. Diese Sitte teilen sie mit mehreren Horden peruanischer Indianer und einigen Negerstämmen."

Nachgewiesen ist die einfache Zuspitzung für einige Stämme Mittelamerikas und zwar durch Hamy, der hierüber im Bulletin de la Soc. d'Anth. de Paris 1882, in einem grösseren Aufsatze (54) eingehend Bericht erstattet.

Ich entnehme demselben folgendes: Die Indianer von Yucatan hatten im 16. Jahrhundert die Gewohnheit, sich ihre Zähne zu schleifen und zwar in Form der Sägefischzähne, die sie für eine grosse Schönheit hielten — avaient pour coutume de se couper les dents en forme de dents de scie, cequ'elles considéraient comme une marque de beauté. — Es waren alte Weiber, die ihnen diesen Dienst leisteten, indem sie ihnen die Zähne mit einem gewissen Steine unter Zuhilfenahme von Wasser befeilten. Viele Jahre später, so heisst es in dem französischen Bericht weiter, fand sich ein ganz ähnlicher Gebrauch noch in der Provinz Panuco vor. Hier hauten die Indianer nicht nur ihre Zähne spitz, sondern bohrten auch noch Löcher in dieselben, die sie dann mit einer schwarzen Substanz verkitteten. Diese Erfahrung verdanken wir nach Hamy Mota-Padilla.

Sahagun, der schon vor Mota-Padilla diese zwiefache Verunstaltung beschrieben hatte (55), hielt sie für eine Eigentümlichkeit der Huazteken, der direkten Voreltern der Panoteken, die Zeitgenossen Mota-Padillas waren.

Die Huazteken hatten an der grossen Auswanderung der Tolteken Anteil, hatten sich jedoch bald von den übrigen Völkern, die von Tollan gekommen waren, infolge innerer Zwistigkeiten getrennt.

Nun hat man unter den ältesten Resten und Trümmern der toltekischen Civilisation, soweit sie heute bekannt sind, auf dem alten Kirchhofe von Cerro de las Palmas, der von Doutrelaine im Jahre 1865 durchwühlt wurde, einen

Schädel aufgefunden, der an den Schneide- und Eckzähnen des Unterkiefers, die von Sahagun erwähnten und beschriebenen Verstümmelungen zeigt.
Dieser Schädel befindet sich heute in den Sammlungen des Pariser Museums.
In diesem Falle ist der untere Zahnbogen nur allein von der Verstümmelung ergriffen.

„Es ist leicht zu erkennen," sagt Hamy (54), „dass die Schneide- und Eckzähne an ihren inneren Kanten angefeilt sind, mit Hülfe eines festen, harten, cylindrischen Körpers, die gefeilten Flächen sind regelmässig geglättet und deutlich konkav; die Lücken, die aus dem Substanzverluste resultieren, messen nicht weniger als 2—4 mm."

Von den sechs Schädeln, die in Cerro de las Palmas aufgefunden sind, ist der, um den es sich hier handelt, der einzige, der seinen Unterkiefer noch besitzt. Wir wissen daher nicht, in welchem Masse die übrigen Schädel dieselbe Zahnverstümmelung erlitten haben.

Ausserdem hat man nach Hamy (54) in einer huaztekischen Grabstätte, die aus der Zeit vor der spanischen Eroberung stammt, ein Schädelfragment gefunden, das die von Sahagun und Mota-Padilla gemachten Erörterungen vollständig bestätigen kann.

Längere Zeit war man darüber im Unklaren, ob auch noch in der Jetztzeit die Zuspitzung in diesen Gegenden geübt würde, bis Hamy die Sache aufklärte. Im Bulletin d'Anthrop de Paris des Jahres 1883 behandelt er in einem besonderen Abschnitte (56) diesen Gegenstand. Fast unverändert gebe ich im folgenden seine Ausführung an:

„Nachdem ich nach den Texten von Sahagun und Mota-Padilla die Verunstaltungen, die bei den Huaztekcn zur Zeit der spanischen Eroberung üblich waren und ebenso bei den Panoteken des 18. Jahrhunderts, verglichen habe mit denjenigen, welche mir das Studium der anatomischen Belege, die von Doutrelaine auf dem alten Kirchhofe von Cerro de la Palmas aufgefunden waren, offenbarte, habe ich sicher behaupten zu können geglaubt, dass die Huaztekcn der Jetztzeit den Gebrauch, ihre unteren Schneide- und Eckzähne spitz zu feilen, wie es ihre Väter übten, aufgegeben haben. In der That habe ich nie etwas von ähnlichen Verunstaltungen berichtet gefunden, und Doutrelaine selbst, der doch in der Ethnographie der Mexikaner wie nur einer bewandert ist und an Ort und Stelle mehrere Jahre studiert hat, giebt uns keinen Wink."

„Es existieren aber noch heutzutage einige Azteken, die sich rein erhalten haben, die jedoch isoliert und weit ab von den Strassen, die die Reisenden zu ziehen pflegen, ihr Leben fristen. Diese haben die seltsamen alten Sitten der Zahndeformierung noch bewahrt."

„M. Pinard hat diese Sitte während seiner letzten Reise in Mexiko genau studiert und bestätigt. Nach seiner kurzen Beschreibung entspricht die moderne Verstümmelung genau der Beschreibung, die ich von der alten gegeben habe.

Soweit Hamy über das Vorkommen der Zuspitzung in Mittelamerika.

In der Zeitschrift für Ethnologie (57) findet sich eine weitere Notiz, die die Zuspitzung in Mittelamerika bestätigt: „Professor Bastian gelangte durch die Freundlichkeit des Herrn Strebel (Hamburg) in den Stand, die Photographie eines mexikanischen Gräberschädels mit zugespitzten Zähnen herstellen zu können."

Der Schädel wurde gefunden in einem Grabe bei Zempoala mit einer Menge anderer Gegenstände. Zempoala war die Hauptstadt desjenigen der mexikanischen Stämme, mit dem die Spanier zuerst in Berührung kamen, der Totonaken.

Diese waren damals dem Reiche der Azteken einverleibt, in ihren Sitzen an der Küste grenzten sie nördlich an die Huazteken, die in ihrer Sprache auf die Maya führen. Für diese Frage hat der vorliegende Schädel seine Bedeutung, da auch von den Maya das Feilen der Zähne als eine gelegentlich geübte Sitte erwähnt wird. Bankroft beispielsweise sagt von ihnen:

„Mayas, like most other American aborigines, deemed it essential to modify and improve their physique by artificial means. This they accomplished by head-flattening, teeth filing . . . (57a).

Die nächste Völkergruppe, der wir uns zuwenden, sind die Dravida. Bei ihnen findet sich die einfache Zuspitzung als einzige Deformationsart nur bei einem Volksstamme, bei den Kadern in den Anamallybergen: Der deutsche Reisende Jagor (58) beschreibt uns die Procedur der Zahnumgestaltung bei diesem Volke näher: „Nach der Heirat lässt sich der

Mann die Zähne behauen. Zu diesem Zwecke legt er sich nieder, der Zahnkünstler setzt eine Federmesserklinge gegen den Zahn und sprengt, indem er mit einem Hämmerchen dagegen schlägt, kleine Stückchen der Zahnsubstanz von den Vorderzähnen des Oberkiefers, seltener auch des Unterkiefers, ab," sodass Formen entstehen, wie sie beistehende Figuren zeigen.

Tafel II.

Fig. 1 a.

Fig. 1 b.

Fig. 2 a.

Fig. 2 b.

Fig. 3.

Fig. 4.

Fig. 5.

Fig. 6.

Fig. 7.

Fig. 8.

Fig. 9.

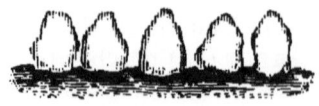

Fig. 10.

Fig. 11.

Am weitesten ist die einfache Zuspitzung unter den Negerstämmen Afrikas verbreitet.

In diesem Sinne kommt hauptsächlich Senegambien, Ober- und Nieder-Guinea, das Kongogebiet und das Gebiet rings um den Njassa in Betracht.

Nur ganz vereinzelt findet sie sich im Tsade-Gebiet, bei den nilotischen Stämmen und in Deutsch-Ostafrika.

Ich lasse nun die Notizen folgen, die die Zuspitzung in diesen Gebieten bestätigen:

Von der Sierra-Leoneküste wird über die Prozedur der Zuspitzung im Globus (59) berichtet. Hiernach geht die Braut mit dem Bräutigam zum Schmied, der ihr die Zähne feilt. Nach vollendeter Operation wird vom Fetischmann die Verbindung eingesegnet.

Winterbottom (60) berichtet von den Bullamern und Timmaniern, dass bei ihnen die Zuspitzung ebenfalls üblich ist: „Zu dem Zwecke halten sie unten an den Zahn ein Stück Eisen, das dünn und flach ist, nehmen ein scharfes Messer, halten die Schneide auf den Zahn und schlagen mit einem Holz darauf, sodass ein Stückchen vom Zahn abspringt. Dieses wiederholen sie nun so oft, bis er ganz scharf ist, denn eben darin besteht die grösste Schönheit.

„Man hört sie nicht darüber klagen, dass diese Operation schmerzhaft sei, oder dass ihnen nachher der Genuss warmer oder kalter Getränke Zahnschmerzen verursache."

Ueber die Zahndeformierung der Kruneger Ober-Guineas berichtet Schlagintweit (61), dass die vier Schneidezähne sowohl des Ober- wie des Unterkiefers zugefeilt werden, so dass sie ganz schmal, fast spitz enden, was dem Gesicht beim Oeffnen des Mundes ein tierisches Gepräge giebt.

Es wird noch ausdrücklich hinzugefügt, dass die Zähne trotz diesem grossen Substanzverluste sich recht gut halten. Bei den Krunegern ist jedoch dieser Gebrauch nicht allgemein. Vielfach fehlt er gänzlich, oder es kommen andere

Deformationsformen vor. Ich hatte unlängst Gelegenheit, hier in Deutschland einen Kruneger kennen zu lernen, der erst vor kurzem seine Heimat verlassen hatte. Bei ihm waren die 2 mittleren oberen Schneidezähne dreieckig ausgefeilt, während die entsprechenden unteren fehlten. Auf die Frage, weshalb er solche Zähne habe, antwortete er nach längerer Zeit, das sei nur ein Stammeszeichen für die Leute seines Dorfes, die Bewohner anderer Dörfer hätten wieder andere Abzeichen.

Ueber die Art und Weise der Ausführung dieser Verstümmelung, wusste er mir weiter nichts mitzuteilen, als dass es schon lange her sei und sehr weh gethan habe.

Berchon (62) berichtet, dass bei den Krunegern auch die Eckzähne zugespitzt werden.

Ueber das Zuspitzen der Zähne in der Umgebung des Tsade habe ich nur die folgende Notiz und zwar bei Ihering (63) gefunden, die jedoch, wie er selbst angiebt, nicht ganz einwandsfrei ist:

„Ein heidnisches Bergnegervolk im Süden von Darfur feilt den Kindern die Zähne spitzt und drückt das Zahnfleisch nieder, so dass sie sehr lang erscheinen" (64).

Häufiger scheint sich die einfache Zuspitzung südwestlich vom Tsadegebiete zu finden: Für verschiedene heidnische Bergvölker Adamauas hat Dr. Siegfried Passarge (65) diese Art der Verunstaltung des Gebisses bestätigt, so z. B. von den Tengelin (65), einem wilden Gebirgsvolke in der Umgebung von Garua, dem Volke der Fulli verwandt: „Die oberen Schneidezähne waren in Trapezform zugefeilt, bei einem auch die unteren. Bei einem Mädchen waren die oberen und unteren Schneidezähne spitz gefeilt."

Auf Seite 252 heisst es von den heidnischen Bergvölkern in der Umgegend von Ngaumdere: „Die meisten Frauen sind auf Brust und Bauch tättowiert und beide Geschlechter feilen die Schneidezähne spitz".

Aehnliches berichtet Passarge Seite 277 von dem Heidenstamme der Baiero, westlich von Gasa; auch sie spitzen die oberen Schneidezähne zu. Ferner erwähnt er diese Art der Verunstaltung von den Bergvölkern auf den Ausläufern des gewaltigen Bantadjimassives:

„Die Frauen haben Holzpflöcke in den Ohrläppchen und feilen die oberen Schneidezähne spitz."

Schliesslich ist auf Seite 311 ein Heidenstamm auf den Vorbergen des Yelugebirges erwähnt, von dem Passarge sagt: „Die Männer tragen einen Schurz, die oberen Schneidezähne hatten sie spitz gefeilt".

Auch weiter nach der Küste hin, im deutschen Schutzgebiete Kamerun hat die einfache Zuspitzung Verbreitung gefunden.

Zintgraff (66) berichtet von den im Hinterlande Kameruns wohnhaften Banyang: „Die Zähne sind gefeilt, jedoch nur die oberen, entweder ᴜᴜ oder \/\/ oder |⌒|·. Hier finden sich also neben der Zuspitzung noch zwei andere Typen der Zahnumgestaltung vor, die wir als Zacken- und Lückenfeilung bezeichnen. Zugleich möchte ich hier auf eine andere, ebenfalls im Kamerungebiete vorkommende Form hinweisen:

Unter den Duallaleuten der Berliner Kolonialausstellung fanden sich zwei, bei denen die 4 oberen Schneidezähne absichtlich ⊔⊔⊔⊔ verschmälert waren. Diese Form, die sehr an die malayische Zahnfeilung erinnert, habe ich für Afrika fast nirgends wieder angegeben gefunden (66a).

Eine andere ebenfalls unter den Negervölkern kaum anzutreffende Form ist die Rundfeilung der Zähne, wie sie Paul Pogge (66 b) für die im Reiche des Muata-Jamwo wohnenden Kalunda so angiebt: „Das Rundfeilen der beiden oberen Schneidezähne und das Ausbrechen der beiden unteren gehört zur Mode bei den Weibern."

Die den Banyang unterworfenen Bayong feilen ihre Zähne spitz: „Sie sind fast gar nicht tättowiert, sagt Zintgraff (67), feilen ihre Zähne aber ebenfalls, jedoch \/ \/, wie die Fanneger die beiden oberen Schneidezähne".

Von den letzteren berichtet jedoch Hugo Zöller (68): „Die meisten Fan feilen sämtliche Zähne spitz. Andere westafrikanische Völker thun dies nur mit den beiden vordersten Zähnen."

Die Bewohner des Yaunde-Landes (Hinterland von Kamerun) üben ebenfalls diesen Brauch. G. Zenker (69) erzählt von ihnen: „Mundkrankheiten hatte ich keine zu behandeln, hatte jedoch Gelegenheit zu konstatieren, dass vielen im mittleren Alter stehenden Leuten Backenzähne fehlten; auch hier herrscht die Sitte, die Zähne spitz zu feilen."

Dasselbe bestätigt Premierlieutnant Morgen (70) in folgender Notiz: „Ausser dem vorzüglichen Magen waren es die guten Zähne, die häufig unsern Neid erweckten, die sich die Stämme im Innern, ohne dass dieselben Schaden nehmen, spitz feilen."

Erwähnenswert ist, dass Grazilhier (71) schon im Jahre 1699 von den Kalbongos, den Bewohnern der Insel Rio de Rey, west-südwest vom alten Kamerunflusse, die einfache Zuspitzung berichtet: „An ihren Stirnen haben sie verschiedene Narben — — und feilen ihre Zähne so scharf als Nadeln."

Nachgetragen seien hier noch zwei Notizen, von denen die eine die einfache Zuspitzung von den Insulanern vor der Küste Senegambiens, die andere von Bewohnern des deutschen Togolandes bestätigt.

Von der farbigen Bevölkerung Bolamas, der Hauptstadt der portugiesischen Provinz Neuguinea vor der Küste Senegambiens, erzählt Pogge (72): „Die Bevölkerung ist ein buntes Gemisch aller Stämme des benachbarten Festlandes. Mit ihren tausend Amuletten — — — und allerlei Lumpen behangen, auch viele mit spitz gefeilten Zähnen."

Aus dem Togogebiete sind die Ewe-Neger von Dr. Ernst Henrici (73) als die Zähne spitzender Stamm angegeben: „Entstellungen des Körpers," sagt er, „werden selten vorgenommen. Die Circumcision ist an manchen Orten Sitte — — —. Häufiger ist schon das Ausbrechen der unteren Zahnränder zu einem sägeartigen Gebiss, während das Färben der Zähne nicht vorkommt".

Hinsichtlich der nilotischen Stämme, bei denen die Zuspitzung, wie schon erwähnt, nur ganz vereinzelt vorkommt, berichtet Schweinfurth (74) von den Njamnjam: „Verunstaltungen des Körpers werden weder von dem männlichen noch von dem weiblichen Geschlechte vorgenommen, ausgenommen etwa das sich auch bei anderen Völkern Zentralafrikas wiederholende Spitzfeilen der Zähne, was zum Zweck hat, im Einzelkampfe oder im Ringen wirksam in die Arme des Gegners eingreifen zu können."

Auch die Golo und Isere machen sich nach Schweinfurth (75) die Zähne spitz, nach A. Ecker (76) ferner die Fertit.

Von den Negern im unteren Kongogebiet berichtet Zintgraff (77), wie folgt: „Sowohl die Loangos, Kabindas und Mayombes auf der Nordseite, wie die Musserongos und Muschikongos auf dem Südufer pflegen künstliche Deformierung der Zähne vorzunehmen, und ist es bei den nördlich vom Kongo wohnenden und genannten Stämmen eigentümlich, dass sie die Zähne befeilen, während die auf dem südlichen Ufer wohnenden dieselben vorzugsweise ausbrechen, wenngleich hin und wieder, aber selten, ein umgekehrter Fall oder beide Methoden vereinigt auftreten. Das Befeilen erstreckt sich vorzugsweise auf die beiden oberen Schneidezähne; sehr selten sind die beiden unteren befeilt und dann sind sie spitz zugefeilt.

Tafel III.

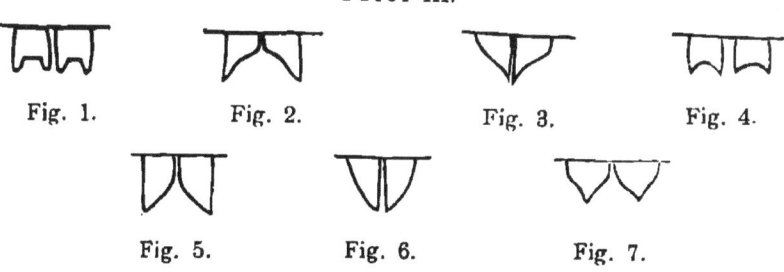

Fig. 1.   Fig. 2.   Fig. 3.   Fig. 4.

Fig. 5.   Fig. 6.   Fig. 7.

Im Uebrigen sah Zintgraff die von ihm abgebildeten Formen vorzugsweise (vergl. Tafel III), die wir mit Ausnahme von Figur 6 und 7 als Zackenfeilungen bezeichnen müssen.

Ueber die Völker am mittleren Kongo hat Herr Mense (78) Mitteilungen gemacht.

Darnach feilen die Bateke, die Bayansi und die Wabari die oberen mittleren Schneidezähne keilförmig ab. Die Bangala, Wambudu und Balali spitzen die Schneidezähne oben und unten zu. Die Wangatta feilen vier obere und zwei untere Schneidezähne an. Normal fand Herr Mense die Zähne nur bei einem Stamme der Wabuende.

Nach P. du Chaillu (79) findet sich die Zuspitzung bei den Otando, Ischogo, Aschango und Aponostämmen, bei letzteren in Verbindung mit Ausbrechen der Zähne, wenigstens nach einer Notiz im „Ausland" (80), wonach sie die oberen mittleren Schneidezähne ausziehen und die anderen spitzfeilen.

Diese Kombinationsform findet sich verhältnismässig selten. **Weiter oben ist sie erwähnt von den Bali und von den Tolteken.** Nach Marche (81) haben sich ferner die Okande dem Gebrauche der einfachen Zuspitzung angeschlossen; nach diesem Reisenden werden die stumpfen Kanten der Zähne nicht abgefeilt, sondern mit einem Messer abgeschlagen. Von den Banda erwähnt **Nachtigal** (82) die Zuspitzung der oberen Schneidezähne. Im östlichen Kongogebiet werden alle Schneidezähne — sowohl oben wie unten — zugespitzt von den Wabonyéle, Walúmbi, Wángá bei Kinéna, den Wakúmu, Walengóle und den Wáwira — Waléggastämmen (Stuhlmann) (83). Von den Wáwira berichtet uns Stuhlmann hierüber ausführlicher: „Jeder Wáwiramann spitzt sich entweder nur die

Tafel IV.

oberen (siehe Abbildung auf Tafel IV) oder alle Schneidezähne zu. Teils werden von jedem Zahne nur die beiden Ecken abgeschlagen, teils alle regelrecht zugespitzt, so dass jeder einzelne ein spitzes Dreieck ▽ bildet, was den Träger nach unseren Begriffen sehr entstellt und ihm das Aussehen eines echten „Wilden" giebt."

Auch die Männer der Gras-Wáwira schärfen sich nach Stuhlmann (84) mit Ausnahme des von Madsamboni beherrschten Distriktes die vier oberen Schneidezähne zu: „Sie müssen zu diesem Zwecke auf ein Stück Holz beissen, durch ein aufgesetztes kleines Stück Eisen, auf das man leicht mit einem Stein oder einem Eisenstücke klopft, werden die Ecken der Zähne weggesprengt, was sehr schmerzhaft sein soll. Diese Verunstaltung geschieht lediglich aus „Schönheitsrücksichten". Wollte sich ihr jemand entziehen, so bekäme er keine Frau."

Nach demselben Autor müssen sich bei den Wassuno-Wawira die Knaben im 12. bis 14. Jahre der Zahnschärfung unterziehen. Bei Mädchen wird, wenn sie 6 bis 8 Jahre zählen, die Oberlippe durchbohrt (85).

Wie die Wawira feilen auch die Wadsoko am oberen Ituri ihre Zähne spitz, ferner die Einwohner von Karewia, dem Stamme der Wawamba angehörig (86). An einer anderen Stelle seines Werkes auf Seite 639 berichtet Stuhlmann: „Bei den Orani, einem Stamme der Wahoko, schlägt man die vier oberen Schneidezähne spitz, bei den Waholi sind die Oberzähne stets, die unteren manchmal zugespitzt.

Von den nordwestlichen Waldvölkern, zu denen Stuhlmann die Momfu, die Wambuba am oberen Ituri und die Walesse rechnet, sagt er (87): „In ihrem eigenem Lande im Nordwesten spitzen sie nicht die Zähne zu, die Walesse feilen ein Dreieck $\wedge$ aus den mittleren Schneidezähnen und die südlichen Wambuba haben das Zähneschärfen von den Wawrastämmen adoptiert. Von den sich an die Nordweststämme anschliessenden Zwergen heisst es: „Beschneidung scheint bei den Zwergen nicht überall geübt zu werden, Zähne werden nirgends angeschärft."

Bemerkung verdient schliesslich noch folgende Notiz Stuhlmanns, die sich in den „Mitteilungen aus deutschen Schutzgebieten 1892 B. V p. 103 findet, und der ich folgendes entnehme:

„Unter den Wahokovölkern, zu denen Wahoko, Wakuma, Walengola, sowie die grossen, unter dem Namen Bawira oder Babira zusammengefassten Völker am Kongo unterhalb Nyangwe bis zu den Stanleyfällen, östlich bis an die Wakondjo-Stämme und nördlich bis an die Lendu, endlich die nach Nordost vorgestossenen Wawira, vom Ituri bis nahe nach Kavalli, nördlich vom Ituri aufwärts, als Babussése, Wandedódo, Wandesáma gerechnet werden, werden überall sämtliche Schneidezähne angeschärft, nicht gefeilt, was auch viele Wakondjo angenommen haben."

„Nach der Sitte des Zähnefeilens („kússongora" in vielen Bantusprachen) werden sie von den Sansibariten als

„Wassongora" bezeichnet, doch scheint sich am oberen Ituri ein Stamm selbst so zu nennen."

Ueber die Stämme aus den Gebieten südlich vom unteren Kongo, die vom Kuango und Kassai durchströmt werden, liegen zahlreiche Notizen von Wissmann, Müller, François und Ludwig Wolf vor:

„Als Stammeszeichen hatten alle Bassongo-Mino, so heisst es in dem Bericht dieser Forscher (88), die Schneidezähne zu beiden Seiten spitz gefeilt."

„Der Volksname Bassongo-Mino erklärt sich dadurch, dass das Wort „Bassongo" in der Sprache der Eingeborenen „Menschen" und „Mino" „Zähne" bedeutet, so dass Bassongo-Mino ins Deutsche übersetzt etwa „Zahnmenschen" heissen würde. Diese Benennung ist zweifellos auf die spitz gefeilten Zähne zurückzuführen, welche bei den Bassongo-Mino allgemeines Stammeszeichen sind."

Auf Seite 368 desselben Berichtes wird von den Batoba, einem den Bassongo-Mino verwandten Stamme, gesagt: „Sie hatten nur die oberen Schneidezähne spitz gefeilt."

Auch in Mukenge soll sich nach Wissmanns Bericht (89) die weiter östlich verbreitete Sitte, die oberen und unteren Schneidezähne spitz zu feilen, allerdings nur vereinzelt vorfinden.

Die Muschinsche am rechten Kuangoufer und ebenso die Lundaneger werden in diesem Bericht ebenfalls als zahndeformierende Stämme erwähnt.

Von ersteren heisst es auf Seite 41: „Die Sitte des Spitzfeilens der oberen Schneidezähne scheint hier sehr verbreitet zu sein", von letzteren auf Seite 43: „Sie zieren hin und wieder Bauch und Stirn mit Tättowierungen, vielfach feilen sie auch ihre Schneidezähne spitz".

Schliesslich seien als hierher gehörig noch die jenseits des Lui wohnenden Mussangana (Hoja-Mala) genannt, von denen auf Seite 37 berichtet wird: „Die meisten der Weiber haben einen kleinen Mund und blendend weisse, oft spitzgefeilte Zähne".

Dasselbe wird von den Baqua-Lukalen von Wissmann (90) berichtet.

Von den Baluba und Bakuba berichtet Stabsarzt Ludwig Wolf (91): „Die Zähne habe ich stets von vorzüglicher Güte und blendend weiss gesehen, die Sitte des Spitzfeilens der oberen und unteren Schneidezähne, ein charakteristisches Stammeszeichen für die Bassongo-Mino am Kassai und Sankuru, findet man bei den Baluba nur selten und dann gewöhnlich bei den östlichen Stämmen".

In den Gebieten rings um den Njassasee werden nach Hartmann (92) die Zähne spitz gefeilt von den Matumboka, Manganja und Amatonga, ferner feilen nach Ihering (92a) die Marambo die vier Vorderzähne des Oberkiefers spitz, dieselbe Sitte haben die M'Tschingoli. Nach Holub (93) feilen die am mittleren Sambesi wohnenden Barotse, nach Waitz (94) die nördlich vom Njassa lebenden Muiza ihre Zähne spitz.

Von den Manganja am Schirwa-See findet sich eine Notiz im Correspondenzblatt für Zahnärzte 1883 p. 74, wonach die Weiber spitz gefeilte Zähne haben, sodass ihr grosser Mund beim Lachen dem Rachen eines Krokodils oder einer Katze gleicht.

Auch bei den Tuschilange trifft man die einfache Zuspitzung an (95).

Nach W. Joest (96) pflegen die Makua in Mosambique die Schneidezähne haifischartig zuzuspitzen.

Nach Livingstone (97) üben die Makonde und Matambwe ebenfalls die Zuspitzung.

Auch den Völkern Deutsch-Ostafrikas, der Kilimandscharo- und Keniagegend und an den oberen Seeen ist die einfache Zuspitzung der Zähne nicht fremd, wie aus folgenden Angaben hervorgeht.

„Die Wawra am östlichen Ufer des Albert-Njansa pflegen ihre Schneidezähne zu feilen oder zuzuspitzen, so erzählt Casati in seinem Reiseberichte B, II, p. 19.

In dem Berichte Dr. Böhms, E. Kaisers und Paul Reichards (98) über die ostafrikanische Station Kakoma heisst es von ihren Bewohnern, die zu den Wanyamwesi gehören: „Tättowierung ist bei beiden Geschlechtern gebräuchlich, wenn auch nicht die Regel. Die beiden oberen mittleren Schneidezähne sieht man nicht selten spitz gefeilt oder ganz ausgeschlagen".

Von den Wakamba berichtet Höhnel (99): „Auffallend an ihnen ist die Beschneidung nach muhamedanischer Art und das von beiden Geschlechtern geübte Zuspitzen der oberen Schneidezähne; fehlende Zähne und schlechte Gebisse sind infolgedessen häufig".

Auch die Bewohner von Ugogo üben die einfache Zuspitzung, wie es aus dem Berichte von Lieutenant Herrmann (100): „Die Kinder gehen bis zum mannbaren Alter nackt. Die beiden oberen Schneidezähne werden nicht überall spitz gefeilt" deutlich hervorgeht.

Von den Eingeborenen im Süden des Pangani sagt Höhnel (101): „Alle aber ohne Ausnahme hatten ihre Zähne spitz, raubtierartig zugefeilt".

Joseph Thomson (102) erzählt von den Bewohnern des Dorfes Mswilo am Tanganika: „Die Leute, welche wir erblickten, hatten alle ihre Vorderzähne spitz gefeilt und überall erblickte man Tättowierungen".

Von den Wateita, einem Bantuvolke der Kilimandscharoniederung wird die Zuspitzung von mehreren Seiten erwähnt. Joseph Thomson (103) sagt von den Wateita Frauen: „Ein leichter Stoss hier und da mit der Feile giebt den krokodilartigen Zähnen eine schärfere Spitze."

Johnston (109) berichtet von ihnen: „Die Zähne werden künstlich gefeilt und scharf zugespitzt, stehen von Natur aber etwas weit aus einander im Zahnfleisch".

Schliesslich sei noch eine Notiz von Dr. Hans Meyer (105), die sich auf die Wagueno bezieht, hier angeführt: „Das Spitzfeilen der oberen und das Ausbrechen der beiden unteren mittleren Schneidezähne, wodurch dem Gebiss etwas raubtierisches, furchtbares verliehen werden soll, — haben sie mit den Waschamba gemein".

Bei der eben beschriebenen Art der Zahndeformierung, die in Afrika bei den meisten Völkern den Charakter eines Stammeszeichens angenommen hat, lässt sich eine wirkliche Zweckmässigkeit nicht verkennen, da die gewaltige Hülfe eines zugeschärften Gebisses beim persönlichen, mit Ringen verbundenen, erbitterten Zweikampfe eine nicht zu unterschätzende Ausrüstung für den Kämpfenden ist; ausserdem wird dem Gesicht durch diese Verunstaltung unzweifelhaft ein wildes, gefährliches, wenn nicht tierisches Aussehen gegeben, was von vielen Völkern vielleicht dabei beabsichtigt wird.

Inwieweit das Kieferskelett durch die einfache Zuspitzung oder überhaupt durch die Bearbeitung der Zahnkrone verändert wird, lässt sich wohl am besten durch folgende Worte klarlegen: Jede Methode des Feilens, welche eine Veränderung der normalen Berührungspunkte der Zähne bewirkt, muss den Umfang des Zahnbogens verringern, da jeder Zahn einen gewissen Teil desselben derartig ausfüllt, dass die natürlichen Berührungspunkte der Zähne sich auf einer Linie befinden, welche durch den grössten Durchmesser läuft, den die Zähne ohne Schädigung der Artikulation zulassen können. Besonders wird man dieses bemerken können, wenn die Zähne beider Kiefer bearbeitet sind, während die Feilung, nur an einem Kiefer vorgenommen, fast keine Wirkung hat.

IV. Teil.

Lücken- und Zackenfeilung.

Die Lückenfeilung besteht darin, dass die inneren Kantenecken der oberen mittleren Schneidezähne fortgenommen werden, sodass zwischen den beiden oberen Schneidezähnen eine mit der Basis nach unten gerichtete Lücke entsteht, wie es nebenstehende Figur veranschaulicht.

Dieser Typus ist sehr häufig verbunden mit dem Ausbrechen von zwei oder vier unteren Schneidezähnen und scheint auf Afrika beschränkt zu sein.

Ich habe nie gelesen, dass das Ausschlagen eines Dreiecks zwischen den beiden oberen Vorderzähnen in anderen Erdteilen beobachtet ist, ausser bei Ratzel (106), wo es für die Malayen angegeben wird. Jedoch habe ich hierfür keine Belege gefunden.

Auch Uhle verneint das Vorkommen dieser Deformationsart bei den Malayen.

In Afrika findet man diesen Typus, der auch hier nicht ein so ausgedehntes Verbreitungsgebiet hat, als die einfache Zuspitzung, vereinzelt bei den nilotischen Stämmen, in Ober- und Niederguinea, bei den letzten Vorposten der Bantu im Süden der Westküste und besonders in Deutsch-Ostafrika.

Er lässt sich von dem folgenden Typus der Zackenfeilung nicht scharf trennen. Bei dieser Deformationsweise wird die Zahnkrone entweder in der Mitte des unteren

Randes schwach eingekerbt, oder die Kerbe ist tiefer, breiter und nach oben hin geradlinig abgestutzt, wie in nebenstehenden Abbildungen (andere Formen von Zackenfeilungen sind auf Tafel III, p. 33, angegeben), oder aber der eine Kantenwinkel, entweder der mesiale oder der laterale, wird soweit weggenommen, dass nur eine Kante in eine Zacke ausläuft, wie auf Tafel V.

Tafel V.

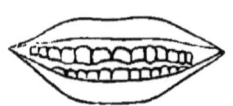

Zahnfeilung an der Loomgoküste.
Nach einer Zeichnung von Prof. Pechuël-Loesche.

Der letztere Typus findet sich ebenfalls nur in Afrika und hier besonders an der Loangoküste, am oberen Kongo und in der Umgegend des Njassasees.

Diese beiden Deformationsformen sind in den Reisebeschreibungen vielfach nicht deutlich genug unterschieden, auch über die Art ihrer Ausführung widersprechen sich die Angaben.

Es ist aber wohl anzunehmen, dass die Zackenfeilung nicht etwa wie die einfache Zuspitzung durch Behauen der Zahnsubstanz erzielt wird, also nicht das Resultat einer einmaligen Operation ist, sondern durch successive tägliche oder wenigstens häufigere Behandlung erreicht wird.

In dieser Weise sind jedenfalls die manchmal sehr zarten Formen leichter herzustellen, als durch ein rohes Behauen. Für diese Art der Bearbeitung finden sich auch in den Notizen der folgenden Seiten einige Belege.

Von der Lückenfeilung kann man dagegen wohl annehmen, dass ihre Herstellung durch einfaches Behauen möglich ist und aus einigen Berichten geht unzweifelhaft hervor, dass sie in vielen Fällen auch so ausgeführt wird.

Aber auch die häufigere Behandlung der Zähne mit rauhen Steinen kommt für ihre Herstellung in betracht und wird, wie wir im folgenden sehen werden, von einigen Reisenden besonders berichtet.

Die in der Litteratur enthaltenden Angaben über den Gebrauch der Zacken- und Lückenfeilung und deren Ausführung habe ich zusammengestellt und sie mögen uns vorerst beschäftigen.

Bei den nilotischen Stämmen habe ich die Lückenfeilung nur von den Bongo konstatieren können und zwar nach folgender Notiz Schweinfurths (107): „Das seitliche Ausfeilen der oberen Schneidezähne wird auch von denjenigen Bongo vorgenommen, welche sich die unteren ausbrechen; gewöhnlich wird auf der Berührungsfläche der beiden mittelsten eine Lücke ausgefeilt, bei anderen Individuen beobachtet man einen seitlichen Einschnitt an allen vier Schneidezähnen, so dass sich zwischen dieselben überall ein starker Zahnstocher hinstecken liess."

Der Brauch, ein Dreieck zwischen den beiden oberen, mittleren Schneidezähnen auszusplittern hat eine grössere Verbreitung in Deutsch-Ostafrika gefunden.

Die Belege, die ich hierfür angebe, sind zum grössten Teil dem Stuhlmann'schen Werke (108) entnommen.

„Zu den älteren Bantu der Küste", sagt dieser Forscher auf Seite 842, „gehören zunächst die Eingeborenen von Usambara, Useguha und Unguru, die eng zusammenhängen, und denen südlich eine zweite Gruppe von Usagara, Ukami und Khutu folgt, ferner die Wasaramo und Wadoë."

„Diese ganze Bevölkerung der Küstenregion zeichnet sich dadurch aus, dass — — — —, ferner aus den beiden oberen mittleren Schneidezähnen ein Dreieck ausgeschlagen wird, während die Beschneidung nicht geübt wird." „Ebenso splittern die älteren Bantu des centralen Gebietes, die Wanyamwesi und die ihnen sich anschliessenden Völkerschaften, die bis an das Südufer des Viktoria-Njansa nach Norden und nach Westen bis an den Tanganika reichen, ein Dreieck in den oberen mittleren Schneidezähnen aus."

Von den Leuten von Iramba berichtet Stuhlmann Seite 759: „Als Stammeszeichen tragen sie auf jeder Wange zwei längliche, senkrechte Einschnitte; ausserdem werden die oberen mittleren Schneidezähne dreieckig ausgesplittert."

An einer anderen Stelle auf Seite 433 heisst es: „Aus den mittleren oberen Schneidezähnen wird ein Dreieck ausgeschlagen bei den Waseguha, Wanyamwesi Wassukuma, Wassegora etc."

Von den Wanyamwesi berichtet auch Speke, (109) dass sie sich die unteren Schneidezähne ausreissen und eine dreieckige Lücke zwischen den oberen aussplittern, wodurch eine Oeffnung von der Gestalt einer umgekehrten römischen V entsteht.

Ausführlicher berichtet Paul Reichard (109 a) über diese Sitte der Wanyamwesi, und da uns seine Schilderung besonders Aufschluss giebt über die Art der Ausführung der Zahndeformation, so lasse ich sie hier folgen: „Die Zahnverstümmlung besteht darin, dass von den oberen mittleren Schneidezähnen die inneren Ecken abgeschlagen werden, nicht aber, wie man überall angegeben findet, abgefeilt. — — Es geschieht die Zahnverstümmlung immer in der folgenden Weise. Man setzt bei der Operation einen kleinen fingerlangen Eisenmeissel, eine Miniaturform des Wanyamwesibeiles an und sprengt durch Schläge mit einem kleinen Holz nach und nach Splitter ab. Die Procedur soll insofern sehr schmerzhaft sein, als äusserst heftige Schmerzen am Hinterkopf hervorgerufen werden. Die Zähne werden übrigens später niemals dadurch kariös, wie denn die Zähne aller Schwarzen meist ausgezeichnete sind, was seinen Grund in der sorgfältigen Pflege derselben hat."

Die Nationalauszeichnung der in diesen Gebieten ebenfalls wohnhaften Wanika besteht nach Ihering (110) in einer zwischen die beiden oberen Schneidezähne eingefeilten Einkerbung.

Ueber die am Kilimandscharo wohnenden Wadschagga verdanken wir Otto Ehlers, der im Jahre 1889 eine kleine Schar dieser Leute aus dem Gebiete des Häuptlings Mandara von Moschi nach Berlin brachte einige Angaben. Virchows (111) Bericht über die äussere Erscheinung dieser Leute lautete: Gesicht hoch — — — —, Zähne gross, die oberen übergreifend, die medialen Schneidezähne Λ ausgefeilt."

Paul Reichard (112) erwähnt von den Waseguha: „Sie lieben es sich mit Fellschürzen zu kleiden und schlagen die einen Ecken der oberen mittleren Schneidezähne aus, nicht aber werden sie ausgefeilt."

Von dem kriegerischem Volke der Massai heisst es bei H. Johnston (113): „Der oft zwischen den beiden oberen mittleren Schneidezähnen sichtbare weite Zwischenraum rührt ohne Zweifel von künstlicher Feilung her und soll ihnen vermutlich zum Ausspucken des Speichels behülflich sein, welche Ceremonie eine so grosse Rolle bei diesem Volke spielt." (Jemanden anspucken gilt als Zeichen der Achtung und Freundschaft.)

Im Anschluss an die Massai erwähne ich die ebenfalls zu den ostafrikanischen Hamiten gezählten Wandorobo. Baumann (114) sagt von ihnen: Die Wandorobo bilden als Massaivolk einen Stamm für sich. In der Lebensweise gleichen sie ungefähr ganz den Massai. Nur pflegen die Wandorobo in den beiden vorderen, oberen Schneidezähnen je eine Einkerbung zu machen."

Die weiter nördlich wohnenden hamitischen Stämme, die Galla und Somali scheinen die Deformation des Gebisses überhaupt nicht zu kennen. Antonio Cecchi erwähnt beispielsweise nichts davon.

Von den Galla sagt er an einer Stelle (115): „Der Mund ist regelmässig und hat glänzend weisse, vertikale Zähne".

Schliesslich findet sich bei Stuhlmann auf Seite 598 noch eine Notiz, die in unser Bereich fällt: „Die Walesse feilen eine Lücke in die mittleren oberen Schneidezähne, ebenso wie die Wakussu, Manyema und viele andere ostafrikanische Völkerschaften".

Unter den Bantustämmen der Westküste findet sich ebenfalls die Sitte, unter gewissen Ceremonien die mittelsten zwei Schneidezähne des Oberkiefers dreieckig ausfeilen zu lassen.

Bei den Ovambo und Ovaherero ist dieser Gebrauch weit verbreitet, zugleich verbunden mit dem Ausbrechen von unteren Zähnen.

„Wie tief diese Sitte in der Natur der Ovaherero beispielsweise sitzt", sagt Missionar Brincker (116), „geht daraus hervor, dass, da in der Missionsarbeit ein Geschlecht herangewachsen ist, das nicht mehr die Lücke in den Vorderzähnen hat, wenn einer oder die andere von den Christen abfällt, sogleich die Prozedur an sich vornehmen lässt, obgleich dieses doch recht schmerzhaft sein muss und die Operation mit horriblen Instrumenten ausgeführt wird."

Ein oder eine Omuherero soll nämlich ohne die dreieckige Zahnlücke den sexuellen Reiz entbehren.

Ebenso berichtet Fritsch (117) von den Ovaherero, dass sie bei Gelegenheit der Beschneidung den heranwachsenden Knaben die mittleren Schneidezähne des Unterkiefers ausbrechen und die oberen in Form einer umgekehrten römischen V ausfeilen. Eine ausführliche Beschreibung dieser Sitte unter den Ovaherero giebt uns Dr. Hans Schinz (118):

„Nachdem das 12.—16. Altersjahr erreicht ist, der Zahnwechsel also stattgefunden hat, muss an den Kindern beiderlei Geschlechts die schmerzvolle Operation, das „Okuha", vorgenommen werden, die darin besteht, dass ihnen die vier unteren Schneidezähne ausgebrochen und die zwei mittleren des Oberkiefers in Form einer umgekehrten römischen Fünf (/\) ausgefeilt werden. Auch hier vollzieht man gewöhnlich die Operation gleichzeitig an einer grösseren Anzahl ungefähr gleichaltriger Kinder derselben und versammelt zu diesem Zwecke die Kinder.

An dem Tage der Operation begiebt sich der — amokuruo — ins Feld, um Wurzeln einer bestimmten Grevia-Art zu suchen. Nachdem er sie nach Hause gebracht und daselbst ihrer Rinde entledigt hat, zerreibt er letztere leicht zwischen Steinen. Die mit Wasser angefeuchtete Masse wird sodann den zum Feste zugelassenen Kindern aufs Haupt gedrückt. Der „omuhe"' d. h. der Operateur, ein beliebiger mit dem „okuha" vertrauter Mann, setzt sich nun auf die Erde und lässt sich das Kind, an dem er seine Kunst ausüben soll, mit dem Gesicht nach oben quer über die Beine legen. Ein durch den Mund des armen Opfers gelegtes Holzstück wird von einer zweiten Person festgehalten, damit der Mund offen bleibt; ein weiterer Assistent bemächtigt sich der Hände und ein anderer, wenn notwendig, wohl auch der Füsse.

Zur Operation bedient sich der „omuhe" eines handbreiten, fingerdicken Holzstabes, der an einem Ende auf die Breite eines Zahnes zugespitzt ist.

Dieser Stab vertritt den Meissel, während ein einfacher Stein den Hammer ersetzt. Mittelst dieser beiden Werkzeuge lockert der Omuhe zunächst die unteren Zähne und schlägt sie dann rasch der Reihe nach in den Mund hinein. Die ganze Operation dauert kaum 10 Minuten. Doch mag diese Zeitspanne dem armen Kinde wohl lange genug vorkommen,

Nachdem die Zähne entfernt sind, werden die Wunden zusammengepresst und die Lücken im Zahnfleisch mit dem am Feuer erwärmten Stückchen einer blutstillenden Zwiebel behandelt.

Das Ausfeilen der mittleren oberen Schneidezähne geschieht in der Regel später als das Aushauen der unteren Zähne und unterscheidet sich von dem letzteren auch dadurch, dass es nicht das Resultat einer einmaligen Operation ist, sondern durch successive tägliche Behandlung mit einem rauhen Steine erzielt wird.

Die obere Lücke in der Zahnreihe nennt der Omuherero „otji vuondindi", die untere grössere „Oru vara", ein Mann, an dem diese Operation nicht vorgenommen worden ist, gilt als „omundunonguavi".

Die Sitte des „Okuha" ist erwiesenermassen nur von geringer religiöser Bedeutung; über den ihr zu Grunde liegenden Zweck sind die Ovaherero im Unklaren.

Es ist möglich, dass wir darin ein Nationalzeichen zu erkennen haben, wie denn auch jeder „omundu nonguavi" meist kurzweg als „omuntua", Fremder, bezeichnet wird, wogegen der mit dem Abzeichen behaftete ein „omunatjé", ein Mann aus unserer Gemeinschaft, ist. In den beiden Zahnlücken sehen die Eingeborenen eine Verschönerung des Gesichtes; so sagt der Omuherero z. B. auf ein christliches und daher nicht operiertes Mädchen hinweisend: O musuko ngo omura, mon du tje non guavi", d. h. „Jene Jungfrau ist schön, nur schade, dass sie einen zahngefüllten Mund hat". Diese uns befremdende Ansicht ist so allgemein, dass sich bisweilen sogar getaufte Eingeborene schliesslich doch noch nachträglich der qualvollen Operation unterwerfen und zwar geschieht dies vorzugsweise von Herero-Schönen, deren Schönheitssinn und Geschmacksrichtung sich mitunter ebenso sehr auf das Widernatürliche richtet, wie das bei ihren weissen Schwestern in Europa der Fall ist."

Hier sei es mir gestattet, auf eine Notiz Lichtensteins (118a) hinzuweisen, die in mehrfacher Beziehung beachtenswert sein dürfte. Zunächst bestätigt sie das Vorkommen der Lückenfeilung unter den Ovaherero vor mehr als 150 Jahren, sodann giebt sie uns auch einen Aufschluss über den Zeitpunkt der Einwanderung der Damara von Nordosten her in ihre jetzige Heimat.

Lichtenstein erzählt uns nämlich von einem alten Nama, der ihm mitgeteilt habe, er sei in früher Jugend von den Damara (Ovaherero), mit denen sein Volk harte Kämpfe an der Nordgrenze seines Landes zu bestehen gehabt habe, gefangen genommen und zum Zeichen der Gefangenschaft seien ihm die Vorderzähne ausgesplittert worden.

Man liest nun gewöhnlich, die Herero seien erst im Anfange dieses oder Ende des vorigen Jahrhunderts eingewandert in ihre heutigen Gebiete. So giebt es auch z. B. Dr. Heinrich Schurtz (118b) an. Pechuel-Loesche dagegen verlegt ihr Einrücken in die nördlichen Teile des Gebietes in den Anfang des vorigen Jahrhunderts (Zur Bewirtschaftung Südwest - Afrikas. Deutsche Kolonialzeitung, 1888 No. 41, S. 326), was der Notiz Lichtensteins besser entspricht.

Die Anwendung der Lückenfeilung auf den Gefangenen und die Angabe des Stammesnamens zeigen, dass wir die Vorfahren der heutigen Hereros in dem von ihnen noch heute bewohnten Gebiete mindestens schon um die Mitte des vorigen Jahrhunderts zu suchen haben, denn der Nama, der die Geschichte aus seiner Jugendzeit erzählte, war schon im Beginne dieses Jahrhunderts ein alter Mann.

Von den Loangonegern berichtet Falkenstein (119) die der Lückenfeilung nahe verwandte und von ihr schwer abgrenzbare Zackenfeilung: „Die Zähne sind von der beim Neger allgemein anerkannten Güte und Dauerhaftigkeit."

„Es herrscht die Sitte des Ausfeilens — es wäre wohl richtiger „Abschlagens" zu sagen, da die Prozedur hauptsächlich darin besteht, einen scharfen Gegenstand aufzusetzen und durch leise Schläge darauf die betreffenden Zahnstücke abspringen zu lassen und zwar der oberen Schneidezähne in der Weise, dass die beiden inneren nach innen und oben schräg abgefeilt werden, also eine dreieckige Lücke mit der Basis nach unten erzeugt wird, während die äusseren Schneidezähne nach aussen und oben schräg zugehen" (vergl. die auf Seite 40 von Pechuel-Loesche angegebene Abbildung).

„Eine andere Art der Zackenfeilung ist die, dass alle vier Schneidezähne des Oberkiefers gleichmässig verkürzt werden und nur bei den inneren am äusseren Rande, bei den äusseren umgekehrt eine kleine Spitze stehen bleibt."

Unter den Loangonegern sind in dem Berichte über die Loangoexpedition von Güssfeldt, Falkenstein und Pechuel-Loesche im ersten Bande auf Seite 198 (120) speziell die Bayaka als mit Zackenfeilung behaftet angeführt: „Die allgemeine Sitte verlangt, dass die oberen Vorderzähne zugespitzt werden; da diese Operation aber nicht selten misslingt, so erscheinen die Zähne entsprechend häufig ganz ausgebrochen."

Diese letzte Bemerkung ist sehr wichtig, da sie geeignet ist, einige Irrtümer und Widersprüche aufzuklären, wie es im folgenden ersichtlich wird.

Vielfach wird von den Loangonegern neben der Zackenfeilung auch das vollständige Entfernen der Zahnkronen erwähnt, so z. B. von Chavanne (121): „Die Vorderzähne sind bei den meisten Bafiotestämmen (Loango), sowohl am Ober- als Unterkiefer, zuweilen nur jene des Oberkiefers, entweder bis auf einen schmalen Stumpf ausgebrochen wie bei den Musserongo und den westlichen Muschikongo, oder aber häufig sägeförmig von beiden Seiten oder nur einseitig in einem konkaven Bogen oder in rechtwinkligen Scharten ausgefeilt"

Auch Bastian (122) sagt von den Negern der Loangoküste, dass sie die Zähne nach den Gelübden ausschlagen, horizontal oder dreieckig gegeneinander feilen.

Pechuel-Loesche hat in Loango nur die Zackenfeilung ausführen sehen, wobei Stückchen abgesprengt und nicht selten die Zahnreste mittelst Sand, der auf nasse Hölzchen gestreut wird, geglättet werden. Zugleich teilt er mit, dass diese Art der Bearbeitung des Gebisses in Loango nicht durchweg Sitte sei, dass es vielmehr im Willen des Einzelnen liege, sich die Zähne feilen zu lassen und dass er sich behufs der Ausführung an Jeden wenden könne, der ihm persönlich zusage.

Man muss hiernach annehmen, dass das Entfernen der Zahnkronen bei den Loangonegern nur eine zufällige, unbeabsichtigte Deformation ist, die ihre Entstehung entweder der mangelhaften Geschicklichkeit des Operateurs oder der allzugrossen Widerstandslosigkeit des Zahnbeins verdankt.

Ebenso bearbeiten ihre Zähne manche Bewohner des Kongogebietes.

So berichtet z. B. Willy Wolff (123) von den Dambaleuten im westlichen Kongogebiete: „Hier wie in San-Salvador und der ganzen bisher durchreisten Strecke ist es sehr gewöhnlich, dass sich die Männer sowohl wie die Frauen, die beiden oberen mittleren Schneidezähne ausbrechen oder so ausfeilen, dass nur die beiden äusseren Kanten stehen bleiben. Es sieht ganz kokett aus, wenn die jungen Mädchen beim Lachen durch die Lücke die Zungenspitze hervorstrecken."

Ferner ist von Wissmann (124) von den Basanschi, einem Volksstamme zwischen Kongo und Kuango die Zackenfeilung erwähnt: „Als Stammeszeichen haben sie die beiden oberen Schneidezähne derartig ausgefeilt, dass nur je die äusserste Hälfte, spitz zugehend, stehen geblieben ist."

Nach Hess (125) trifft man die Zackenfeilung besonders in den Gebieten an der mittleren Kataraktenstrecke des Kongo, während im unteren Flussgebiete mehr das Ausschlagen der Zähne vorherrscht.

Er giebt für diese Gebiete zwei typische Formen der Zackenfeilung an, die sich durch folgende einfache Zeichen wiedergeben lassen: Normale Schneidezähne ☐☐. Schneidezähne nach der Bearbeitung ⌐⌐. „Diese Form" sagt Hess, „ist nur für ganz eitle Personen. Sie ist schwer zu erhalten, denn sie erfordert einerseits eine grosse Gewandtheit, andrerseits mehr Ausdauer und viel Zeit." Gewöhnlich erzielt man das folgende Resultat: Normale Schneidezähne ☐☐. Schneidezähne nach der Bearbeitung ◹◸.

Die Schneidezähne sind also im letzteren Falle zur Hälfte in der Richtung einer Diagonalen abgetragen, die von dem äusseren unteren Kantenwinkel schräg nach oben zur inneren Kante verläuft.

Hess schildert die Operation als sehr langwierig und schmerzhaft.

Auch weit südlich vom Kongo, im portugiesischen Angola, findet sich die Zacken- resp. Lückenfeilung vor.

Serpa Pintos (126) berichtet von den Ganguellas, die unter 13° s. B. und 37° E. wohnen: „Alle Männer, welche ich sah, hatten die beiden vorderen oberen Schneidezähne in dreieckige Form geschnitten, sodass eine dreieckige Oeffnung mit der Spitze nach oben entstand. Die Operation wird vermittelst eines Messers ausgeführt, das wiederholt leicht angesetzt wird." Aehnliches berichtet er auf Seite 254 von den Luchaze-Leuten aus Cambuta (37 ° E. 13° s. B.): „Ferner nahm ich wahr, dass sowohl Frauen als auch Männer ohne Ausnahme die vier Vorderzähne dreieckig geschnitten hatten, so dass sich bei geschlossenen Zähnen in der Mitte eine rautenförmige Oeffnung befand." Von den Ambuellas, die auch in dieser Gegend wohnhaft sind, heisst es auf Seite 320 des ersten Bandes: „Sowohl Männer als Frauen hatten die Vorderzähne dreieckig eingeschnitten."

Neben Serpa Pintos berichtet auch Hermann Soyaux aus diesen Gebieten die Zackenfeilung. Von den Dschinganegern am Kuansa erzählt er (127): „Ihre oberen Schneidezähne sind an den sich berührenden Ecken schräg abgestossen."

Dadurch, dass auch für einige Völker Angolas die Zacken resp. Lückenfeilung konstatiert ist, haben wir in ihnen ein Bindeglied gewonnen zwischen den Völkern am Kongo und den Stämmen der Ovaherero und Ovambo, die, wie wir gesehen haben, sich gleichfalls dieser Art der Zahnumgestaltung hingeben.

Erwähnenswert ist schliesslich noch, dass die Zackenund Lückenfeilung nicht nur auf das Wohngebiet der Bantustämme beschränkt ist, wie es Ihering in seiner Arbeit angiebt, sondern dass dieser Gebrauch neueren Nachrichten zufolge auch unter Sudannegern angetroffen wird.

Klose (128) sagt von den Kratyileuten des Togogebietes: „Bei vielen Frauen und Männern bemerkte ich, dass zwischen den mittleren oberen Schneidezähnen ein Dreieck ausgefeilt war."

Einige von L. Wolf eingesandte Schädel von Kebuhleuten, die ebenfalls im Togogebiet wohnhaft sind, konnte R. Virchow (129) folgendermassen beurteilen: „Das Gesicht mesoprosop — — — die medianen Schneidezähne durch eine ∧ förmige Lücke getrennt."

Dr. Preuss (130) berichtet von den Bwealeuten (Bewea = grösstes Bakwilidorf der Ostseite des Kamerungebirges): „Zwischen den beiden Vorderzähnen hat fast jeder Mann eine Zahnlücke."

Ausserdem mache ich darauf aufmerksam, dass schon bereits auf Seite 31 die Zacken- und Lückenfeilung von Sudannegern erwähnt ist.

Im Togogebiete scheint die Lückenfeilung sogar die beliebteste Form der Zahnumgestaltung zu sein; die Zahnverhältnisse der auf der Berliner Kolonialausstellung des Jahres 1896 befindlichen Togoleute, die alle der Küstenbevölkerung von Little-Popo angehörten, lassen diese Annahme unzweifelhaft erscheinen.

Unter 16 männlichen Individuen dieses Gebietes konnte man folgende Zahnverhältnisse feststellen.

No. 1. Zähne gross, vollzählig und tadellos ohne Verstümmelung.

No. 2. Die beiden inneren oberen Schneidezähne L∧J förmig verunstaltet, das Gebiss sonst völlig intakt; Zähne gross und gerade eingepflanzt, gut gepflegt.

No. 3. Obere innere Schneidezähne L∧J, sonstiges Gebiss intakt.

No. 4. Die oberen inneren Schneidezähne L∧J förmig bearbeitet, das übrige Gebiss völlig intakt und tadellos gehalten.

No. 5. Zwischen den inneren oberen Schneidezähnen eine fast zahnbreite Lücke, anscheinend rein natürlich ohne absichtliche Nachhilfe: ☐ ☐ Das Gebiss sonst normal und völlig intakt.

No. 6. Die mittleren oberen Schneidezähne sehr stark verstümmelt L∧J, alle Zähne sehr stark und wesentlich mehr abgekaut, als dem angeblichen und sonst nicht unwahrscheinlichem Alter des Mannes bei uns entsprechen würde.

No. 7. Zähne gerade, völlig intakt.

No. 8. Zähne gerade, völlig intakt.

No. 9. Die mittleren oberen Schneidezähne L∧J an den inneren Ecken zugeschlagen, das übrige Gebiss intakt und gesund.

No. 10. Zähne gerade, völlig intakt.

No. 11. Zähne anscheinend ganz intakt, zwischen den mittleren oberen Schneidezähnen eine etwa 3 mm breite, wohl natürliche Lücke.

No. 12. Zähne scheinen intakt, die mittleren oberen Incisivi sehr klein und haben eine Lücke zwischen sich, doch dürfte diese wohl natürlich sein.

No. 13. Die mittleren oberen Schneidezähne L∧J, das übrige Gebiss intakt.

No. 14. Zähne etwas schräg, die oberen mittleren Incisivi mit dem typischen L∧J Defekt, das übrige Gebiss intakt.
No. 15 und 16. Zähne intakt (130a).

V. Teil.

Das Entfernen der Zähne.

Unter den Deformationsformen des Gebisses ist das vollständige Entfernen der Zähne die roheste, am wenigsten milde Form.

Es werden je nach den Stämmen obere oder untere, einer oder mehrere Schneidezähne, seltener Eckzähne ausgerissen.

Die Sitte wird des Zahnwechsels wegen in der Regel erst mit dem 10. oder 12. Jahre, oder bei der Mannbarkeitserklärung, manchmal auch erst vor der Heirat ausgeübt.

In den meisten Fällen werden die Zähne ausgeschlagen oder ausgestossen und zwar in der Weise, dass ein Stab gegen den betreffenden Zahn gesetzt und auf ersteren ein kräftiger Schlag ausgeführt wird, wonach die Zähne gelockert, leicht mit der Hand herausgenommen werden können.

Dieser Typus der Zahndeformierung hat, wie es die folgende Ausführung am besten zeigen wird, ein ausgedehntes Verbreitungsgebiet.

Für das Ausbrechen der Zähne kommen besonders die Neger und Australier in betracht, bei denen es sich dabei um nationale Auszeichnungen handelt, und die östlichen Polynesier, die den Gebrauch als Trauerverstümmelung üben.

Nur ganz vereinzelt findet er sich bei den asiatischen Malayen, auf dem Festlande von Hinterindien und unter den Eingeborenen Amerikas.

Wenden wir uns zunächst den Bewohnern des festländischen Australien zu, so finden wir, dass das Ausschlagen der Zähne als Mannbarkeitsgebrauch fast durchgängig geübt wird, unter der Aufsicht der Gemeinde ausgeführt zu werden pflegt und ein starkes religiöses Gepräge hat.

„Einen tiefen Einblick in die australische Volksseele," sagt Ratzel (131), „eröffnet die Reihe von Weihen, die den

Uebergang der Knaben und Mädchen ins Alter der Mannbarkeit begleiten; damit ist gewöhnlich ein Opfer am eigenen Körper verknüpft, seien es nun Zähne, die ausgeschlagen, oder Finger, die abgeschnitten werden. Dazu kommen Qualen durch Schläge, Tättowierung, Hunger und zwangsweise Absonderung. Alles wird auf göttliche Einsetzung zurückgeführt. Zur Erinnerung an besondere Ereignisse werden ausserdem noch den Frauen Zähne ausgeschlagen oder Finger abgeschnitten."

Im folgenden stelle ich die wesentlichen, in der Litteratur enthaltenen Angaben zusammen.

Nach einer Notiz im Correspondenzblatt für Zahnärzte 1883, Seite 75, müssen sich bei den meisten Stämmen die Knaben im 7. oder 8. Jahre, bei anderen im 11. oder 12. dieser Operation unter vielen Feierlichkeiten unterziehen. Bei dem Goulbournstamm wird der betreffende Knabe von drei Stammesgenossen in den Wald geführt, wo er zwei Tage und eine Nacht bleibt und sich während dieser Zeit selbst die zwei oberen Schneidezähne ausschlagen muss, welche er seiner Mutter bringt; diese sucht dann einen jungen Gummibaum und versteckt die beiden Zähne in die obersten Aeste. Stirbt der Sohn, so schält man die Rinde unten am Baume ab und tötet ihn durch Feuer, welches man unten an dem Stamme anzündet, so dass er als Denkmal des Toten stehen bleibt."

Bei den Macquarie-Stämmen (132) findet das Ausschlagen des oberen rechten Schneidezahnes bei allen jungen Männern statt; der Stamm der Camaragal hat allein das Recht, die hierbei zu beobachtenden Ceremonien vorzunehmen, wofür er als Anerkennungszeichen einen Zahn der jungen Leute fordert.

Die Bedeutung dieser Sitte ist noch nicht völlig aufgeklärt, doch scheint dieselbe eine symbolische zu sein; bei den meisten Stämmen bildet dieselbe eine Art Mannesweihe, wobei durch Standhaftigkeit eine Mutprobe abgelegt werden soll.

Bei verschiedenen Stämmen am Cooper- und Gaerdner-See, die nach Gerlands Atlas von der Zahnverstümmelung ausgeschlossen sind, werden auch die Mädchen dieser Verunstaltung unterworfen.

„Nach vollendetem 8. Lebensjahre", so heisst es bei Ploss (133), findet das Ausschlagen der beiden oberen Schneidezähne statt, welches man „Tschirrinscherri" nennt; dasselbe wird an allen Kindern, Knaben wie Mädchen vorgenommen und auf folgende Weise ausgeführt: Zwei etwa 30 cm lange Stäbe werden an den Enden zu Keilen geschärft und zu beiden Seiten der zum Ausschlagen bestimmten Zähne eingetrieben; auf den Zahn selbst legt man dann ein Stück Wallabyfell in mehreren Falten und setzt darauf ein starkes gegen 60 cm langes Stück Holz. Ein oder zwei Schläge darauf, welche mit einem schweren Stein ausgeführt werden, genügen um den Zahn zu lösen, so dass er mit der Hand herausgenommen werden kann.

Der zweite Zahn wird auf dieselbe Weise entfernt, worauf zur Stillung der Blutung feuchter Thon auf die Wunde gebracht wird.

Trotz des jugendlichen Alters der Kinder verraten dieselben den Schmerz auf keine Weise. Drei Tage nach der Operation muss das Kind sich hüten, den Rücken von irgend jemand zu sehen, nur Freunden darf es in das Gesicht schauen, sonst — so ist der Aberglaube — muss es später Hungers sterben. Die ausgeschlagenen Zähne werden in ein Bündel Emufedern gehüllt und ein Jahr oder länger aufbewahrt.

Ueber den Zweck dieser Sitte sind die Eingeborenen selbst im Unklaren, über den Ursprung derselben erzählen sie, dass der gute Geist Muramura nach der Erschaffung des ersten Kindes diesem die betreffenden Zähne ausgeschlagen habe. Diese Veränderung habe ihm gefallen, es sei daher der Befehl gegeben worden, man solle künftig mit jedem Kinde so verfahren.

Bei den Macquariestämmen herrscht dagegen der Glaube an einen bösen Geist in Pferdegestalt, der die Eingeborenen nur dann nicht verschlingt, wenn sie ihm zeigen, dass ihnen ein Zahn ausgeschlagen ist."

In westlichen und südwestlichen Teilen Australiens scheint für das Zahnausbrechen mehr die Tättowierung getreten zu sein.

Da Gerland (134) (bei Waitz) alles Einschlägige bezüglich des Zahnausschlagens in Australien ausführlich zusammengestellt hat, so sehe ich von einer weiteren Besprechung ab.

Es sei noch bemerkt, dass nach Collins (135) bei den Eingeborenen von Neu-Süd-Wales, die jetzt ausgestorben sind, das Ausbrechen der vorderen Zähne üblich war. Auch unter den ausgestorbenen Eingeborenen der Insel Tasmania fand sich der australische Brauch des Ausschlagens von einem oder mehreren Vorderzähnen (Waitz) (136). Die neuesten Nachrichten über das Volk der Australier von Professor Semon (137) bringen leider keine bestimmten Angaben. Auf Seite 253 heisst es nur allgemein: „Ein ausgebildetes Ceremoniell begleitet den Uebertritt von der einen in die andere Altersschicht. Besonders die Einweihung der herangewachsenen Jünglinge, ihre Mannbarkeitserklärung ist bei fast allen Stämmen eine Haupt- und Staatsaktion. Die Einzuweihenden werden allerlei Prüfungen, ja Martern unterworfen. Bei einigen Stämmen erfolgt zu dieser Zeit Circumcision, bei anderen Tättowierung, viele andere brechen dem jungen Manne einen oder zwei Vorderzähne aus."

Dass auch unter den australischen Papuanen — die asiatischen kommen hier nicht in Betracht — das Ausbrechen der Zähne und zwar auf den Neuen-Hebriden vorkommt, bestätigt folgende Angabe Eckarts (138): „Eine seltsame Mode, die hier herrscht, ist das Ausstossen der zwei Vorderzähne der oberen Zahnreihe bei verlobten oder verheirateten Weibern. (Ein Stock wird gegen die Zähne gesetzt und mit einem Stein ein kräftiger Schlag geführt.) Dieselbe Sitte findet sich bei den Weibern der Eingeborenen der St. Philipp-Bai.

Von der grossen mongoloiden Rasse sind es namentlich die polynesischen Malayen, vor allen Dingen die Bewohner der Sandwichs- und Tonga-Inseln, unter denen das Ausbrechen der Zähne, jedoch nicht als Mannbarkeits-, sondern als Trauer- und Opfergebrauch angetroffen wird.

Nach Linderer (139) opfern die Eingeborenen der Sandwichs-Inseln ihrem Gotte Eatoa ihre Vorderzähne, um ihm so die Achtung kund zu geben, die sie vor ihm haben.

Auf denselben Inseln ist es nach William Ellis (140) bei Gelegenheit von Todesfällen üblich, einen der Vorderzähne mit einem Steine auszubrechen, so dass bei älteren Leuten, die viele Trauerfälle mitgemacht haben, sämmtliche Vorderzähne fehlen.

Meinicke (141) giebt über diese Sitte auf Hawai an: „Die Trauerbezeugungen bestanden in Klagen und Weinen, heftigen Verletzungen der Haut, — Ausschlagen der Vorderzähne und Aufschlitzen der Ohrläppchen; auch in einer besonderen Tättowierung der Zunge." Jetzt scheint die Sitte auf diesen Inseln vollständig verschwunden zu sein. Adolf Marcuse (142) erwähnt in seinem Werke über die hawaischen Inseln nichts davon, ebenso Graf Reinhold Anrep-Elmpt (143). Auch Pechuel-Loesche, der schon in den sechziger Jahren die Inseln besuchte, hat, wie er mir erzählte, nichts derartiges mehr wahrgenommen.

Nach Ihering (144) findet sich der Brauch,. bei Trauerfällen die Zähne auszuschlagen, ferner auf den Marquesas-Inseln, nach Waitz (145) auf der Insel Tongarewa und nach Geilands Atlas für Völkerkunde auf der Manihikigruppe.

Auf Neuseeland scheint das Zahnausschlagen ebenfalls ausgeübt worden zu sein, wenigstens nach einer Notiz, die sich im Correspondenzblatt für Zahnärzte (146) findet: „Schon der britische Seefahrer William Dampier, welcher im Jahre 1688 an der Westküste von Neuseeland landete, schrieb über die dortigen Eingeborenen: Ich weiss zwar nicht, ob sie sich die vordersten beiden Zähne an den oberen Kinnbacken mit Fleiss ausreissen, gewiss aber ist, dass sie allen Manns- und Weibspersonen fehlen."

Was das Vorkommen des Zahnausbrechens unter den asiatischen Malayen betrifft, so teilt Riedel in einem Aufsatze (147) über die bisher noch fast unbekannten Stämme von Central-Celebes mit, dass bei den Tonapo, Tobada und Tokulabi mannbaren Mädchen die zwei oberen Vorderzähne ausgeschlagen werden, und zwar geschehe dies, wie sie sagen, quod mulier quondam mariti membrun virile momordit.

Andererseits wird von verschiedenen Seiten die Sitte des Zahnausbrechens im Pubertätsalter von Formosa bestätigt.

Joest (148) berichtet, dass Mädchen auf Formosa im Alter der Pubertät die beiden oberen Schneidezähne ausgeschlagen werden, damit sie besser atmen könnten und mehr Wind (Belebung) in sie hineinkäme.

Für Knaben wird das Ausschlagen eines Zahnes im Pubertätsalter von Pauli (149) berichtet.

Nach Ploss (150) ist unter den Pepos auf Formosa das Ausschlagen der Augenzähne gebräuchlich bei Kindern von 6 bis 8 Jahren.

Auf dem hinterindischen Festlande habe ich den Gebrauch des Zähneausschlagens nur von einem Volke, von den Tajakilao — „die Zähne einschlagenden Kilao" — im östlichen Kueitscheu bestätigt gefunden.

Nach Uhle, Seite 4, ist unter diesem Volke die Prozedur des Gebrauches folgende: „Wenn die Mädchen heirathen, so führt man sie erst vor die Thür und bricht ihnen zwei Schneidezähne aus, eine Handlung, die „Beschädigung des Hauses des Mannes" genannt wird."

Für Amerika habe ich das Ausbrechen der Zähne, ausser von den Guankawilkas am Golf von Guayaquil (151), nur von den Feuerländern angegeben gefunden und zwar bei Ratzel (152): „Männer und Frauen schmücken sich mit Muschelschalen und Dentalien — — —, den Männern fehlt regelmässig ein Zahn."

Eine weitere Verbreitung findet das Ausbrechen der Zähne dann wieder in Afrika, und hier besonders bei den nilotischen Stämmen, den Stämmen in der Umgebung des Tsade, ferner in Deutsch-Ostafrika und im Kongo- und Sambesi-Gebiet.

Mehr vereinzelt trifft man es in Ober- und Nieder-Guinea, in Süd-Ostafrika und am Njassa.

Zunächst mich auf die Sudanneger beziehend, lasse ich die mir bekannt gewordenen einschlägigen Angaben folgen.

In Aschanti werden den zu Sklaven gemachten Kriegsgefangenen Zähne ausgezogen und die letzteren von den Siegern als Trophäen getragen.

Andererseits gilt es als freiwilliges Zeichen der Unterwerfung, sich die vorderen Zähne ausziehen zu lassen, ein Gebrauch, der sich in Südamerika wiederholt (153).

In Togoland werden die beiden unteren mittleren Schneidezähne entfernt (154).

Aus dem Hinterland von Kamerun sind als zahnausschlagender Stamm die Bali zu erwähnen (155).

Von den Völkern der Umgebung des Tsade berichtet Nachtigal (156), dass die Somrao einen, die Sara zwei und die Bai vier obere Schneidezähne ausbrechen; nach Gerlands

Atlas haben sich auch die Tommok, Daza, Tibu, Baele und die Bewohner von Borku dieser Sitte angeschlossen.

Fast durchgängig im Gebrauch ist das Zahnausschlagen bei den nilotischen Stämmen, und zwar werden hier gewöhnlich der vier unteren Schneidezähne entfernt.

Schweinfurth (157) berichtet von den Bongo: „Gemeinsam ist beiden Geschlechtern nur die von der Mehrzahl der Bewohner des Bahr-el-Ghasal-Beckens geübte Unsitte, sich die unteren Schneidezähne auszubrechen, eine Operation, die erst nach völlig beendetem Zahnwechsel vorgenommen zu werden pflegt. Nur im südlichen, an die Njamnjam grenzenden Teil des Landes unterbleibt diese Verstümmelung, welche jenem Volke gänzlich fremd ist."

Nach E. Marno (158) brechen sich die Nuehr und Dinka (beide Geschlechter) die zweiten vier unteren Schneidezähne aus.

Dagegen berichtet Major Gaetano Casati (159) von den Dinka: „Nach Art sehr vieler anderer schwarzen Stämme ziehen sie sich zwei Schneidezähne des Unterkiefers aus.

Nach G. Schweinfurth (160) brechen sich die beiden Geschlechter bei den Dinka die unteren Schneidezähne aus. Virchow, der eine Anzahl in Berlin anwesender Dinka auf ihre Zahnverhältnisse prüfte, macht darüber die folgenden Bemerkungen (161): 1. Bei einer Anzahl von Individuen waren die vier unteren Incisivi und die beiden Canini ausgebrochen.

Als Folge des Verlustes traten bei einem Dinka die beiden mittleren oberen Schneidezähne stark vor und es hatte sich jederseits zwischen dem mittleren und lateralen Schneidezahn ein starkes Trema gebildet. Bei einer Faschodafrau hatten die linken oberen Schneidezähne eine schiefe Stellung angenommen.

2. Bei drei Individuen waren unten vier, oben zwei Schneidezähne ausgebrochen.

3. Bei einigen anderen fehlten die vier oberen Schneidezähne.

4. Ein Knabe hatte den linken unteren Eckzahn verloren.

5. Bei sieben Individuen waren alle Zähne vorhanden; bei zweien von diesen waren die oberen Incisivi schräg abgefeilt.

Virchow bemerkt ferner: „Der Verlust der Zähne, von dem man ein Einsinken des Mundes hätte erwarten können, hatte den entgegengesetzten Effekt: er bedingt ein stärkeres Hervortreten der Lippen, welche sich wegen der hinter ihnen durch die Vernarbung verkleinerten Lücke und der Verkürzung der Mundspalte eingefaltet hatten. Bei zwei Personen war die Oberlippe schnabelartig vorgeschoben, bei einem Mädchen trat umgekehrt die Unterlippe stark hervor."

Die vier unteren Schneidezähne entfernen ferner nach Ihering, S. 230, die Mitu und Madi, nach Simon (162) die Dinkaui und Iabilaui.

Ausser den genannten nilotischen Stämmen sind es nach Stuhlmann noch die Schilluk, Schuli, Luri, Wanyoro, Dor, Wassogo und Scheffalu, die sich die vier unteren Schneidezähne ausziehen; zwei untere Zähne werden dagegen entfernt von den Leuten in Turu und von den Lattuka, während die Weiber von Okeba sowohl obere, wie untere Schneidezähne ausschlagen (Stuhlmann (163).

Ueber die Prozedur des Zahnausschlagens bei den A-lur berichtet Stuhlmann auf Seite 504 seines Werkes „Mit Emin Pascha ins Herz von Afrika" ausführlicher: „Sind die Kinder zum Alter von 10—12 Jahren herangewachsen, so erfolgt die Aushebung der unteren Schneidezähne ohne weitere Festlichkeit. Eine abgebrauchte Grabschaufel wird zwischen dem Eckzahn und dem äussersten Schneidezahn der unteren Kinnlade eingeschoben und durch hebelnde Bewegungen zunächst der äussere Schneidezahn einerseits und dann der der anderen Seite zum Wanken gebracht und entfernt. Die zwei mittleren Schneidezähne werden dann ohne Schwierigkeit herausgenommen. Scharfe Salzlösungen aus Pflanzenasche dienen zur Stillung der Blutung, und schon in wenigen Tagen erfolgt die Vernarbung; doch kommen gelegentlich auch recht heftige Blutungen vor.

Auf S. 517 bemerkt Stuhlmann: „Die Alur behaupten, dass diese Sitte erst seit 60 Jahren üblich geworden sei. Eine Frau habe einmal ihren Mann im Aerger gebissen, und seit dieser Zeit sei, um ähnliches Unglück zu verhüten, zunächst für Frauen und dann auch für Männer das Ausziehen der Schneidezähne üblich geworden. Die Erzählung muss aber jedenfalls, wenigstens bezüglich der Zeit, sehr weit zurückdatiert werden, denn alle Stammverwandten der Alur ziehen ebenfalls die vorderen Zähne aus."

Während nach Ihering S. 222 das Vorkommen des Zahnausschlagens bei den Bari in Abrede stellt, findet sich bei Wilhelm Junker (164) eine Notiz, die es für die Bari bestätigt: „Gleich ihren nördlichen Nachbarn entfernen auch die Bari die Vorderzähne des Unterkiefers, man trifft aber nicht selten Leute mit vollständigem Gebiss, welches stets sehr gut erhalten ist. Emin Pascha, der eine Anzahl Bari beobachtet und gemessen hat, bestätigt Junkers Angaben. Die Leute zeigten dicke, nach aussen umgestülpte Lippen, mehr oder minder schief gestellte Schneidezähne; die unteren vier Schneidezähne aber waren ausgeschlagen (165).

Andere nilotische Stämme, die sich dieser Sitte angeschlossen haben, sind die Abukuja und die Mundu.

Junker (166) berichtet von ihnen: „Tättowierungen im Gesicht wie z. B. bei den Moru sind nicht gebräuchlich, dagegen entfernen die Angehörigen beider Stämme die unteren vier Schneidezähne".

Schliesslich wird der Brauch des Zahnausschlagens von Gerland in seinem Atlas bestätigt für die ebenfalls in diesen Gebieten wohnhaften Basongo, Kiets, Makraka, Moru, Sir, Mandari, Eliab, Bor und Tuids.

Ueber den Ursprung und die Bedeutung dieser Sitte sind die Eingeborenen selbst im Unklaren; auch Schweinfurth erklärt, es sei ihm nicht gelungen, einen Grund für das Ausbrechen der unteren Schneidezähne zu finden.

Die Verstümmelung soll nach ihm besonders auf die Sprache nachteilig einwirken, die undeutlich und unartikuliert ist. Eine weitere Folge ist das Längerwerden der oberen Schneidezähne, das durch den mangelnden Widerstand ihrer Antagonisten erzeugt wird; zugleich werden sie infolge der Nahrungsaufnahme vor- und auseinander gedrängt.

„Ekelhaft erschienen alte Leute", erzählt Schweinfurth, „dadurch, dass ihre stehengebliebenen oberen Schneidezähne durch den mangelnden Widerstand von unten zum Munde herausragten und sich gespreizt ausnahmen, wie die Finger einer ausgestreckten Hand; solche Leute nennen die Nubier „Abu-Senun", d. h. Vater Raffzahn (167)".

Bei den Galla, Somal, Abessyniern und Aegyptern fehlt die Sitte. Nur von einem östlich von Nubien, im

Norden von Abessynien wohnhaften, hamitischen Volksstamme, den Bedschah, erwähnt Waitz (168) nach Quatremère, dass sie in früherer Zeit die eigentümliche Sitte hatten, sich gleich den Stämmen am weissen Nil einige Vorderzähne auszubrechen.

Erwähnt darf hier vielleicht noch werden, dass in Aegypten schon in den ältesten Zeiten eine entehrende Strafe im Ausziehen eines Vorderzahnes bestand, eine Sitte, die auch in neueren Zeiten im gebildeten Europa herrschte (169). Wenn sich jemand unterstanden hatte, in der Fastenzeit Fleisch zu essen, so wurde ihm ein Zahn ausgerissen; auch ist es vorgekommen, dass, wenn ein Unterthan seinem Fürsten den schuldigen Tribut nicht zahlen wollte, ihm ebenfalls ein Zahn ausgerissen wurde.

Unter den Bantustämmen kommen besonders die Völker Deutsch-Ostafrikas für diese Deformationsart in Betracht.

Nach Stuhlmann (170) werden in Unyoro die vier unteren Schneidezähne ausgebrochen, ebenso bei den Wawitu nach einer Notiz auf Seite 714, während die Wakamba, Wataiti, die Völker der Kilimandscharoniederung, ferner einige in Usambara, auf dem Plateau Jramba, Umbugwe und Irangi sich die beiden unteren mittleren Schneidezähne entfernen. Dasselbe gilt von den Wakaguru und endlich von den Wagogo (Seite 843). — An einer anderen Stelle des Stuhlmannschen Werkes auf Seite 765 heisst es: „Beide Geschlechter der Wanituru schlagen sich die zwei unteren mittleren Schneidezähne aus, ein Verfahren, das bei allen in diesen Gegenden wohnenden Stämmen geübt wird".

„Die Zähne sind meistens braun gefärbt, weil die Leute viel Tabak kauen."

Nach Speke (171) reissen sich die Wanyamwesi, ebenfalls ein Volksstamm Deutsch-Ostafrikas, die unteren Schneidezähne aus, wodurch eine Oeffnung von der Gestalt einer umgekehrten römischen Ventsteht.

Weiter sind als zahnausschlagende Stämme dieser Gegend die Massai anzuführen, die die zwei mittleren unteren Schneidezähne ausbrechen (Baumann 172), und die Mkussu, die als Stammeszeichen die beiden oberen Schneidezähne entfernen (173).

Von den Massai wird der Brauch auch von L. R. von Höhnel (174) bestätigt: „Die Massai durchbohren die Ohrläppchen und dehnen dieselben stark aus; häufig, doch nicht immer, brechen sie sich ein bis zwei Schneidezähne aus".

Diesem Brauche scheinen sich aber nur wenige Massai zu entziehen; unter den 17 auf der Berliner Kolonialausstellung 1896 befindlichen Massai konnte von Luschan an 14 von ihnen die in Rede stehende Deformationsform konstatieren, wie aus folgendem hervorgeht:

1. „Lindokai ♂ Massai aus Moschi. Im Unterkiefer fehlen die beiden mittleren Schneidezähne, mit einem Messer ausgehebelt, das übrige Gebiss intakt, schlecht gepflegt.

2. Mali ♂ Massai aus Moschi, die beiden mittleren Schneidezähne des Oberkiefers nach aussen oben luxiert, so dass sie sehr schräg stehen und von einander divergieren, die mittleren Incisivi des Unterkiefers fehlend (ausgehebelt), das übrige Gebiss intakt.

3. Gaula ♂ Massai aus Moschi 13 Jahre alt. Zähne fast ganz gerade, die oberen Schneidezähne intakt, aber von ganz seltener Grösse, gut um 20—25 % grösser als die der meisten anderen Massai. Die mittleren Schneidezähne im Unterkiefer ausgehebelt. Das übrige Gebiss normal, gut intakt.

4. Gassiné ♂ Massai aus Moschi, 13 Jahre alt. Zähne im Oberkiefer normal und intakt, im Unterkiefer statt der beiden mittleren Schneidezähne ein überzähliger Zahn etwa von der Form eines Eckzahnes.

Der Junge und seine Angehörigen geben ganz bestimmt und mit der grössten Sicherheit an, dass ihm die mittleren unteren Jucisivi sowohl des Milchgebisses als die bleibenden zur richtigen Zeit und regelrecht ausgehebelt worden sind; es handelt sich da also vielleicht um einen überzähligen Zahnkeim, der wohl erst durch die Aushebelung der mittleren Schneidezähne zur Entwicklung gelangte und sonst ganz unbemerkt geblieben wäre.

5. Andûku-sentu ♂ Massai vom Loita-Stamme. Von den Zähnen ist nichts gesagt.

6. Yondra ♂ Massai aus Moschi, 15 Jahre alt. Zähne oben intakt, unten fehlen die beiden mittleren Schneidezähne (vor 4 Jahren, also im 11. Jahre vom Vater mit einem eisernen Messer ausgehebelt).

7. Kassiúi ♂ Massai aus Moschi, Zähne oben intakt, unten fehlen die beiden innern Schneidezähne.

8. Yagond ♂ Massai aus Moschi. Schneidezähne des Oberkiefers sehr schräg, wohl auch durch absichtliche Luxation, wie bei den übrigen Massai, aber freilich ohne das Divergieren und ohne die mediane Lücke, die sonst für diese Verstümmelung bei den Massai so bezeichnend ist. Im Unterkiefer beide mittleren Schneidezähne ausgehebelt.

9. Bár-ga-wái ♂ ebenfalls aus Moschi. Zähne des Oberkiefers intakt, unten mit dem typischen Defekt der mittleren Schneidezähne.

10. Lasinétt ♂ aus Moschi, 10 Jahre alt. Die Schneidezähne des Oberkiefers sehr stark luxiert, ganz asymmetrisch, besonders der rechte fast gerade nach vorn stehend; anscheinend ist der ganze Zwischenkiefer nach vorn und oben gedrückt, wodurch das Gesicht viel prognather erscheint, als es von Natur sein würde. Die mittleren unteren Jucisivi augehebelt, das übrige Gebiss intakt und sehr gut erhalten.

11. Kiwerra ♂ aus Moschi. Die mittleren Schneidezähne oben nach vorne luxirt, unten ausgehebelt, das übrige Gebiss intakt, gut erhalten.

12. Mschungo ♂ aus Moschi. Zähne gerade, im Oberkiefer intakt, im Unterkiefer nur ein mittlerer Schneidezahn ausgehebelt. Das übrige Gebiss tadellos gehalten und ganz gesund.

13. Gáis ♂ aus Moschi. Zähne gerade. Im Unterkiefer die zwei mittleren Schneidezähne ausgehebelt, das übrige Gebiss intakt, gut gehalten.

14. Raméa ♂ aus Moschi. Von den Zähnen wird nichts erwähnt.

15. Illálu ♂ Im Unterkiefer fehlen die mittleren Schneidezähne.

16. Menadi ♂ aus Moschi. 25 Jahre alt. Zähne vollkommen intakt. (Auch die Schneidezähne im Unterkiefer vollzählig, gut gehalten, gesund).

17. Kidálo ♂ aus Moschi. „Im Oberkiefer die mittleren Schneidezähne nicht nur stark nach vorne und oben luxirt, sondern auch innen angemeisselt, so dass von jedem der beiden Zähne auf ihrer medianen Seite etwa ein Drittel fehlt und eine grosse Lücke zwischen ihnen klafft. Im Unterkiefer sind die mittleren Schneidezähne ausgehebelt. Das übrige Gebiss intakt, gut gehalten, gesund" (174).

Aus diesem Bericht ersehen wir, dass neben dem Entfernen der mittleren unteren Schneidezähne, auch das Vordrängen der oberen und die Lückenfeilung (vergl. Nr. 17) im Gebrauch sind.

Die typische Deformationsform ist aber bei den Massai unzweifelhaft das Entfernen der unteren Schneidezähne.

Höhnel führt auf Seite 694 auch die in der Keniagegend ansässigen Buma als zahndeformierenden Stamm an. Von den Weibern sagt er: „Die Unterlippe wird durchbohrt und die Oeffnung nach und nach derart ausgeweitet, dass ein 7 bis 8 cm dickes, ungefähr 7 cm langes Stück eines Ochsenhornes durchgesteckt und darin getragen wird."

„Der Mund wird dadurch stetig offen gehalten, die Zunge liegt frei, die unteren Schneidezähne sind ausgebrochen; die Sprache ist lallend und der Anblick, den solche Weiber bieten, geradezu scheusslich."

Von den Bewohnern der deutschen Station Kakoma, die zu den Wanyamwesi gehören, heisst es in dem Berichte Dr. Böhms, Kaisers und Reichards (175):

„Tättowierung ist bei beiden Geschlechtern gebräuchlich, wenn auch nicht Regel. — — Die beiden mittleren Schneidezähne sieht man nicht selten spitz gefeilt oder auch ganz ausgeschlagen."

H. Johnston (176) führt von den Bewohnern Tawetas (östlich vom Kilimandscharo) an; „Allgemein waren ein oder zwei Schneidezähne der oberen Kinnlade ausgestossen."

Auch die Djagga üben das Ausbrechen der Zähne: „Die Spitzfeilung der oberen Schneidezähne und das Ausbrechen der unteren mittleren Schneidezähne geht durch ganz Djaggaland", sagt Dr. Hans Meyer (177).

Von den Wafiya, die Joseph Thomson auf seiner Reise von Jendwe nach der Küste antraf, erzählt er (178): „Die Wafiya sind von den Walungu nicht zu unterscheiden, höchstens an einigen Einschnitten an der Schläfe und an der Sitte, sich die unteren Schneidezähne auszubrechen. Im äquatorialen Afrika will ich nach Ihering, Seite 225, die Apono angeben, die die oberen mittleren Schneidezähne ausziehen, in Niederguinea die Muserongo, die die oberen vier Schneidezähne ausbrechen und deren Sprache infolgedessen eine näselnde ist.

Ebenso werden bei den Batoka im Sambesi-Gebiet bei Eintritt der Pubertät die oberen vier Schneidezähne ausgebrochen, was Schweinfurth (179) als eine Nachahmung der „vergötterten" Wiederkäuer angiebt.

„Hätte er," sagt Virchow in seinem Resumé über die Dinka (180), denselben Defekt bei den Dinka gesehen, wo er gleichfalls vorkommt, so würde er diese Deutung vielleicht verallgemeinert haben. Denn obwohl die Dinka die grössten Viehzüchter sind, und ihre Herden in guten Zeiten zu riesiger Zahl anwachsen, so essen sie doch fast kein Fleisch; ausser Milch nähren sie sich nur von Vegetabilien, insbesondere von Amylaceen. Aber die primitiven Vegetarianer, welche die vegetabilischen Produkte roh verspeisten, müssen allerdings andere Kau- und Mahlbewegungen ausgeführt haben als ihre durch das Kochen verwöhnten Nachbarn, und man müsste weit in eine hypothetische Vorzeit zurückgehen, um die Verunstaltung des Gebisses mit der Ernährung in einen unmittelbaren Zusammenhang zu bringen."

Im Norden des mittleren Sambesi sind hier nicht allein die Batoka zu nennen, nach Holub (181) findet sich die Sitte des Zahnausschlagens ziemlich häufig im Marutse-Mambundareiche.

Er sagt hierüber gelegentlich der Beschreibung von Ceremonien, die beim Erlangen der Mannbarkeit üblich sind: „Ich habe im Marutse-Reiche nichts von der bei den Betschuanen so üblichen, bei der Zulurasse so verhassten Circumcision vernommen; doch wurden mir Abhärtungsmethoden beschrieben, die, meist bei den verschiedenen Stämmen verschieden, den zur männlichen Entwickelung gelangten Jünglingen das Recht — sich Männer zu nennen — verschaffen, ihnen für das Leben nützlich sein oder sie bemerkbar machen sollen.

Im letzteren Falle sind dann gewisse Ceremonien gang und gäbe, welche unauslöschliche Merkmale zurücklassen, wie wir sie z. B. bei den Matonga, bei einigen Makalaka-Stämmen des Reiches zu beobachten Gelegenheit hatten. Junge Matonga, die etwa das 16. Jahr erreichten, ziehen sich auf einige Wochen in die tieferen, einsameren Waldpartieen zurück. Sie sind von einigen, wenigen Männern begleitet, die ihnen nach verschiedenen vorhergehenden Prozeduren mit dem Schlachtbeile die oberen mittleren Schneidezähne herausbrechen. Auf die verwundete Stelle wird warmer

Mehlbrei gethan, um die Blutung, den Schmerz und die Entzündung zu stillen. Die Maschukulumbe thun es mit allen oberen Vorderzähnen, was ein Einsinken der Oberlippe zur Folge hat.

„Nach diesem Akte der männlichen Standhaftigkeit gilt ein jeder von ihnen ein „Mann" und kann freien. Ja, man berichtete mir sogar, dass an diesem Vorgange die Frauen grosse Schuld hätten. Sie meinen: „Männer, die mit ihrem ganzen Gebiss essen, sind wie die „Pferde", und wir wollen keine Pferde als Gatten haben."

Von den Maschukulumbe berichtet derselbe Autor an einer andern Stelle (182): „Die eingesunkenen Oberlippen waren durch das Aussprengen der oberen Schneidezähne bedingt, welcher Prozess bei den Maschukulumbe ähnlich wie die Boguera bei den Betschuanas zur Zeit ihrer Mannbarkeit oder vor derselben, also in der Abhärtungsperiode der Knaben vorgenommen wird.

In ähnlicher Weise brechen sich die nördlich vom Sambesi wohnenden Makalaka und die an seinen beiden Ufern wohnenden Matonga die oberen mittleren Schneidezähne aus und thun dies auch aus einem Motiv der Eitelkeit."

Häufig ist das Ausbrechen der Zähne auch im südlichen Kongogebiet.

Von den Bakuba berichtet Stabsarzt Ludwig Wolf (183), dass allgemein vor dem Eintritt der Mannbarkeit bei Knaben und Mädchen die beiden oberen mittleren Schneidezähne mit zwei Holzklöppeln herausgeschlagen werden. „Trotz des starken Blutverlustes," so erzählt dieser Forscher, „und der als schrecklich geschilderten Schmerzen, besonders im Nacken, hat eine solche grausame Sitte bei den Bakuba Eingang gefunden und sich erhalten."

Andere Stämme im südlichen Kongogebiete, die für diese Art der Deformation in Betracht kommen, sind die Badinga und Bassongo am Sankuru.

Von den Bassongo sagt Wissmann (184): „Den Weibern werden im Kindesalter die beiden Schneidezähne des Oberkiefers ausgeschlagen, indem ein Holzmeissel aufgesetzt und mit einem Hammerschlag die Operation ausgeführt wird."

Von den Badinga heisst es in dem gemeinsamen Berichte von Wissmann, Mueller, Wolf und François (Im

Innern Afrikas auf Seite 349): „Ihre Tättowierung zeigt Aehnlichkeit mit derjenigen der Bakuba, auch haben sie gleich diesen die zwei oberen Schneidezähne ausgebrochen, eine Sitte, welcher auch die Baschilele huldigen".

Nach demselben Bericht gehören auch die Bewohner von Kalunda hierher, von denen auf Seite 99 folgendes mitgeteilt wird: „Selten sieht man bei ihnen Körperverletzungen, die dann im Ausbrechen der unteren Vorderzähne oder Durchbohren der Ohrläppchen besteht."

Auch die südlichsten Bantustämme der Westküste kennen die Sitte des Zahnausschlagens.

Von den Ovaherero ist das Ausschlagen der Zähne bereits auf Seite 43 im Zusammenhange mit der Lückenfeilung erwähnt.

Hier seien noch zwei Notizen von Charles J. Andersson über die Zahndeformation bei den Ovaherero und Ovambo angegeben.

Von den Ovambo berichtet er (185): „Die Erwachsenen brechen sich die mittelsten Zähne der unteren Reihe aus;" von den Damara: „Zwischen dem 15. und 20. Jahre brechen sich beide Geschlechter ein keilförmiges Stück von den beiden mittelsten Zähnen der oberen Zahnreihe aus und später werden zwei oder drei Zähne der unteren Reihe ganz herausgezogen."

Aber auch das Gebiet, das die eben erwähnten, südlichsten Bantustämme von denen des Kongobeckens scheidet, weist Völker auf, die den Brauch des Zahnausschlagens üben, der hier, ohne also in seinem Vorkommen eine grosse Unterbrechung zu erleiden, über eine weite Strecke verbreitet ist.

Pogge (186) teilt von den Moluanegern im Reiche Muata Yamwos mit: „Der Moluaneger ist lichter als der an der Küste, auch liebt er, sich unten zwei Schneidezähne auszuziehen.

Von einem wandernden Volksstamme Benguelas, von den Gagern, berichtet Abbé Proyart (187) das Ausbrechen der Zähne: „In den Kleidungen und Verzierungen der Weiber finde ich weiter nichts Besonderes, als dass sie 4 Vorderzähne, zween obere und zween untere ausbrechen müssen, wenn sie ihren Männern oder Liebhabern gefallen wollen."

Unter den Völkern der Umgebung des Njassasees sind ebenfalls einige in unsern Bereich fallende Stämme anzuführen.

Jhering erwähnt Seite 228 auf die Autorität Livingstones hin von den Maschinga, dass ihnen je oben und unten ein Schneidezahn ausgezogen werde, während bei den Balungu, den Bewohnern von Urungu, die Sitte herrscht, Männern und Frauen einen oder zwei untere Vorderzähne auszubrechen. Bei einem anderen Stamm in der Umgegend des Njassa, den Makololo, werden zur Zeit der Geschlechtsreife ein Paar der oberen Schneidezähne ausgeschlagen. (Waitz 188.)

In Süd-Ost-Afrika ist schliesslich das Ausschlagen der Zähne von den Betschuana zu erwähnen (189).

Von hamitischen Völkern wird dieser Gebrauch berichtet von den Mangati, Lango-Wakidi (Stuhlmann 190) und den Wafiomi (Baumann 191).

Bei den Wakidi wird ein unterer Schneidezahn, bei den Wafiomi deren zwei entfernt.

— In Afrika ist das Entfernen der Zähne als Stammeszeichen oder als Pubertätsgebrauch zu betrachten, der manchmal auf religiöser Grundlage beruht.

* * *

„Für die Beobachtung" sagt Virchow, „wird es ein interessantes Problem sein, zu ermitteln, inwieweit die verschiedenen Arten der künstlichen Einwirkung die Form des Gebisses im Ganzen, also die Gestalt der Zahnkurve und damit auch des Gaumens ändern."

Bei der Besprechung der Zuspitzung ist schon erwähnt, dass bei den Bearbeitungen der Zahnkrone eine Veränderung der normalen Berührungspunkte der Zähne den Umfang des Zahnbogens verringert,

Um die Wirkung des Ausschlagens der Zähne auf den Kieferbogen festzustellen, scheint mir die kleine Bemerkung Spekes auf Seite 118, es entstehe infolge des Ausschlagens der unteren Schneidezähne eine Oeffnung von der Gestalt einer umgekehrten römischen V, sehr wichtig zu sein, bestätigt sie doch folgende, den Zahnärzten bekannte Thatsache. Falls ein Zahn aus einem normal gebildeten Zahnbogen mit vollkommen korrekter Artikulation entfernt wird, so tritt keine wesentliche Veränderung der Stellung der anderen Zähne ein.

Wenn jedoch zwei oder mehr untere Schneidezähne entfernt werden, so ist gewöhnlich die Folge, dass der ganze untere Zahnbogen infolge des in der Mitte mangelnden Stützpunktes nach innen neigt und schmaler wird, so dass sich die unteren Eckzähne nähern und schliesslich mit ihren medialen Kantenwinkeln sich zu berühren drohen. Infolgedessen wird auch der obere Zahnbogen enger und Schneide- und Eckzähne desselben nach vorn gedrängt. Das allgemeine Gesetz, welches bei der Veränderung der Zahnstellung und somit der Zahnkurve infolge einer Entfernung von Zähnen zur Geltung kommt, ist das, dass sämtliche Zähne das Bestreben haben, medialwärts zu rücken.

Bei geschlossener Zahnreihe ist dies nicht möglich, sobald aber durch das Ausziehen von Zähnen eine Lücke geschaffen wird, ist den dahinterstehenden Zähnen freier Spielraum gelassen.

Die hauptsächlichste Ursache der Annäherung der Zähne ist der beim Kauen auf sie ausgeübte Druck. Derselbe ist bei geschlossenen Kiefern nahezu parallel zu den Achsen der Zähne. Wird jedoch ein Körper zermalmt, so entfernen sich beide Kiefer von einander, die Achsen der Antagonisten sind nicht mehr parallel, sie stehen im stumpfen Winkel zu einander, der um so kleiner wird, je weiter der Mund geöffnet wird.

So müssen die Zähne durch den Kaudruck medialwärts geschoben werden.

Auf Seite 64 wird die Veränderung des Batokagebisses als eine Nachahmung der vergötterten Wiederkäuer angegeben. Virchow führt sodann aus, dass man diese Art der Deformation, die also in dem Ausschlagen der vier oberen Schneidezähne besteht, in Beziehung bringen könne mit einer früheren Ernährung durch Vegetabilien, macht aber zugleich darauf aufmerksam, dass die primitiven Vegetarianer andere Kau- und Mahlbewegungen ausgeführt haben müssten, als ihre durch das Kochen verwöhnten Nachbarn.

Es ist nun eine äusserst interessante Erscheinung, dass in dem veränderten Batokagebiss nicht nur der zahnlose Oberkiefer der Wiederkäuer eine Nachahmung findet, sondern meiner Ansicht nach auch Mahlbewegungen, die denen der

Wiederkäuer ähnlich sind, entstehen; denn die Entfernung der oberen Schneidezähne im 10. oder 12. Jahre wird zur Folge haben, dass der knöcherne Oberkiefer sich zurückzieht, während der Unterkiefer sich weiter zu entwickeln fortfährt. In solchen Fällen folgt allmählich eine Vorragung des Unterkiefers, und die Zähne artikulieren dann nur an ihren Schneidekanten und den Spitzen ihrer Höcker.

Bei solcher Artikulation nimmt die betreffende Person die Gewohnheit an, den Unterkiefer mittelst der Flügelmuskeln im Kreise zu bewegen. Die sich gegenüberstehenden Zähne nutzen sich dann gegenseitig in solchem Grade ab, dass in nicht allzulanger Zeit die Höcker verschwinden und eine Nachahmung der Mahlbewegungen der Wiederkäuer möglich wird. Dass durch das Entfernen zweier oder mehr Schneidezähne der Oberkiefer und zugleich das ganze Profil des Gesichtsschädels eine andere Form und einen anderen Ausdruck gewinnen, lassen die Untersuchungen, die Rüdinger an künstlich deformierten Schädeln von Südsee-Insulanern (Neue-Hebriden) machte, bei denen ebenfalls obere Schneidezähne absichtlich entfernt waren, unzweifelhaft erscheinen.

„Was das Oberkiefergerüst betrifft" sagt Rüdinger (191a), so erlangt dasselbe an jenen Schädeln, an welchen die beiden medialen Schneidezähne weggenommen wurden, einen eigenartigen Habitus. Da wo die Wurzeln der beiden Schneidezähne waren, entsteht durch Knochenatrophie ein Alveolarrand mit zugeschärften Rändern. Die beiden Oberkiefer sinken bis zur unteren Umrandung der Apertura etwas ein, die Spina nasalis schwindet und das Profil erfährt eine Ablenkung.

Horizontalfeilung resp. Amputation der Zahnkrone.

Unter Horizontalfeilung verstehe ich die Abfeilung der Vorderzähne an ihren Schneidekanten, so dass sie kürzer werden.

In vielen Fällen ist diese Art der Bearbeitung kaum angedeutet und dann gewöhnlich mit Feilungen auf der Vorderfläche des Zahnes verbunden, oder aber die Zahnkrone ist bis zur Hälfte, manchmal sogar bis zum Zahnfleische abgetragen, eine Verstümmelung, die ich als Amputation der Zahnkrone bezeichnen möchte.

Bei der Feststellung der Ausbreitung der Abfeilung der Zähne unter den verschiedenen Rassen will ich möglichst nur die Stämme berücksichtigen, bei denen sie rein und unvermischt mit anderen Feilungsarten angetroffen wird. Die Papuanen, die asiatischen sowohl als die australischen, sind nach der Peschelschen Völkereinteilung die nächsten, unter denen sich die Horizontalfeilung und die schwer von dieser zu trennende Amputation der Zahnkrone findet.

Neuerdings liegen Beobachtungen über die Deformation der Zähne im malayischen Archipel von den Reisenden Baessler, Jakobsen und Kühn vor (192), die an 56 Personen Messungen vornahmen. Abgesehen von den Kindern (4 an der Zahl) sind nur je eine Frau von Letti und Amboina und 3 Männer von Ceram aufgeführt, bei denen die Zähne nicht gefeilt waren. Die Operation betrifft vorzugsweise die Vorderzähne und namentlich die oberen. Am gewöhnlichsten werden dieselben an dem freien Rande horizontal abgeschliffen. Nächstdem wird häufiger die Abfeilung der vorderen Fläche erwähnt. Die Zahl der auf diese Weise behandelten Zähne ist verschieden, im allgemeinen aber wesentlich grösser als bei den Negern.

Bei 43 beobachteten Personen kam am häufigsten (15 Mal) der Fall vor, dass oben 6 und unten 4 Zähne (Incisivi) kurz gefeilt waren; der nächst häufige Fall (12 Mal) betraf die Feilung der sechs oberen Vorderzähne. Fünf mal waren die vier oberen Incisivi gefeilt, vier mal die sechs oberen und die sechs unteren Vorderzähne, je einmal oben acht, oben zehn, oben acht und unten sechs, oben acht und unten acht, oben zwei und unten drei, endlich oben sechs und unten vier, sowie die Backenzähne.

Spezielles über die Abfeilung der Zähne bei den Papuanen liefert die folgende Zusammenstellung.

Neuguinea (Untersuchung der Zähne von 4 Personen):
1. Zähne opak, massig, weiss, gesund, 6 Vorderzähne kurz gefeilt bis auf 3 mm.
2. Zähre klein und grade auf einander, opak weiss. Oberzähne gefeilt, m kürzer zu sein, 5 mm.

3. Zähne unten prognath, oben gerade, opak, massig, nicht gefeilt.
4. Obere Zähne prognath, untere gerade, opak, massig, weiss; obere und untere Vorderzähne gerade horizontal abgefeilt (193).

Für das Vorkommen der Horizontalfeilung unter asiatischen Papuanen mögen folgende Angaben gelten:

Auf Kei (Untersuchung der Zähne von 22 Personen):
1. Obere Zähne prognath, untere gerade, opak, oben und unten horizontal gefeilt; schwarz durch Betel.
2. Zähne opak, massig, obere prognath, die sechs vorderen oberen horizontal kurz geschliffen, Unterzähne nicht geschliffen.
3. Zähne gerade, obere prognath, opak und massig; oben acht Vorderzähne kurz gefeilt.
4. Zähne oben und unten prognath; massig, opak, oben sechs kurz gefeilt, schwarz durch Betel.
5. Zähne oben prognath, unten gerade, nicht gefeilt — —.
6. Obere Zähne prognath, untere gerade, oben sechs vordere an der unteren Seite gefeilt — —.
7. 8. u. 9. Keine Horizontalfeilung.
10. Zähne oben prognath, unten gerade — 10 kurz gefeilt, braun durch Betel.
11. Zähne oben prognath, unten gerade — oben vier vordere kurz gefeilt.
12. Zähne oben prognath, unten gerade — oben sechs vordere kurz gefeilt.
13. Oben sechs, unten vier kurz gefeilt.
14. Zähne oben und unten prognath, opak, massig, vordere sehr kurz gefeilt.
15.—19. Oben sechs kurz gefeilt.
20. u. 21. Obere und untere Vorderzähne kurz gefeilt.
22. Oben vier kurz gefeilt.

Auf Arru (Untersuchung der Zähne von 3 Personen):
1. Zähne oben prognath, unten gerade, unten vier gefeilt, oben sechs.
2. Oben sechs, unten vier kurz gefeilt
3. Oben sechs, unten vier kurz gefeilt.

Von der Insel Ceram sind zehn Messungen angegeben, unter denen sich vier Fälle mit Horizontalfeilung finden.

Ebenso ist die Horizontalfeilung in dieser Weise für die Tenimber, für Letti, für Babber und Buru bestätigt (194).

Weit verbreitet ist die Horizontalfeilung auch unter den asiatischen Malayen. Hier werden die Frontzähne manchmal nur etwas abgefeilt, um eine gerade Linie zu bilden. Diese nur schwach angedeutete Horizontalfeilung ist jedoch fast ausnahmslos mit Feilungen auf der Vorderfläche des Zahnes verbunden, so dass sie in diesen Fällen vollständig zurüktritt.

Ich werde mich im folgenden auch daher nur auf die Angaben beziehen, die die Horizontalfeilung als das Hauptsächliche hinstellen. — Die Zähne sind manchmal kurz bis zur Hälfte der Krone abgenommen und zwar mit einer Säge in der Abteilung Manna, Kauer, Seluma in Benkulen (Sumatra) (195).

Kreemer (196) giebt diese Art der Zahndeformierung für Java an, für die Molukken Riedel (197).

Von den Batak auf Sumatra berichtet Brenner (198), dass sich das Abtragen der Schneidezähne im Oberkiefer bis zur halben Länge, im Unterkiefer bis ganz zum Zahnfleisch, manchmal auch der Eckzähne bei ihnen findet.

Nach seiner Beschreibung bedient sich der Operateur dabei eines kleinen hölzernen oder beinernen Hammers, mit dem er durch einzelne kräftige Schläge Stück um Stück von den Zähnen absprengt, bis sie die richtige Länge erhalten haben, worauf die scharfen Kanten durch Steine und in neuerlicher Zeit durch Feilen geglättet werden.

Sehr ausführlich bespricht Hagen die Abfeilung der Zähne bei den Batak. Ich mache hier nur auf seine Ausführungen aufmerksam, die sich in der Zeitschrift für Ethnologie, Berlin 1884 finden und die mit der eben beschriebenen von Brenner angegebenen sich in vielen Punkten berührt.

Nach A. B. Meyers Mitteilungen (199) feilen die Eingeborenen Javas (Sundanesen und Javanen) die Zähne meist horizontal, aber nicht sehr kurz ab; die Leute von Grissé bei Surabaya auf Java dagegen feilen sie sehr kurz ab. „Auf der Insel Madura bei Java bedient man sich einer Feile zu diesem Akt, während man sonst irgend welche anderen Instrumente von Bambus, Eisen und dergl. zur Hand hat. Die Makassaren auf Celebes feilen ebenfalls ihre Zähne horizontal ab wie die Leute von Grisse."

Ueber die Horizontalfeilung auf Sumatra findet sich noch ein Bericht in Sprengels Beiträgen zur Völker- und Länderkunde (200): Beide Geschlechter haben die sonderbare Gewohnheit, ihre Zähne -- — — abzufeilen." — — Es sind hier die Rejangs gemeint. — „Sie bedienen sich statt einer Feile eines kleinen Schleifsteines und der arme Leidende liegt während der Operation auf dem Rücken. Einige, vornehmlich Weiber, im Lande Lampoon, lassen sich die Zähne ganz bis zum Zahnfleisch abschleifen."

Von den Atjinesen berichtet Waitz (201): „Als eine eigentümliche Verschönerung des Gesichtes, welche zugleich als Zeichen der Pubertät gilt, ist noch das Abfeilen der Zähne um ein Viertel ihrer Länge und das Schwarzfärben derselben zu nennen."

Dass auch auf Borneo und zwar unter den Kayan die Amputation der Zähne sich findet, bestätigt W. Kückenthal (202): „In dem oft sympathischen Gesicht der Kayan stört unser europäisches Empfinden nur der hässliche Mund, der, von schmalen Lippen eingefasst, eine ausserordentliche Grösse besitzt und ein geradezu widerwärtiges Gebiss aufweisst. Die Zähne werden nämlich abgefeilt, die Stumpfen mit einer Beize, welche aus dem Safte einer Wurzel und dem Safte des Zuckerrohrs bereitet wird, schwarz gefärbt."

Auf dem hinterindischen Festlande ist die Abfeilung der Zähne angegeben für die Bahnars und Cédans (203).

Bemerkt muss hier noch werden, dass auf dem ostindischen Archipel die Horizontalfeilung resp. die Amputation der Zähne sich nicht nur als Pubertätsgebrauch, sondern auch als Zeichen der Trauer findet, wie das aus folgenden von Uhle in seiner Arbeit „Ueber malayische Zahnfeilung" angegebenen Nachrichten verschiedener Forscher deutlich hervorgeht.

Riedel bemerkt in seinem Aufsatze über die Sulanesen (204) ganz beiläufig: „Wenn jemand Brüder oder Schwestern hat, ist es „bososi" oder verboten, die untersten Zähne zu feilen."

Ferner findet sich in den brieflichen Mitteilungen von De Bruijn Prince über die Zahnfeilung in Kedu der Satz: „Nur Personen, deren Vater und Mutter und ältere Schwestern und Brüder alle gestorben sind, dürfen sich die Zähne des Unterkiefers abschleifen lassen."

Eine ähnliche Bemerkung bringen nach Uhle (Seite 6) auch die Mitteilungen Ackerlins über die Zahnfeilung im Umkreise des Ortes Benkulen: „Seinen Unterkiefer feilt nur der, welcher keine Verwandten mehr hat."

Schliesslich giebt es noch eine Nachricht über die Horizontalfeilung als Trauergebrauch, die ebenfalls von Uhle angegeben ist: „Schouten teilte brieflich von Saleier mit, dass die Frauen sich im späteren Leben die Zähne auch noch abfeilen lassen, wenn sie Unglück trifft, als Totgeburt, baldiger Tod des Kindes, auch wenn während der Verlobungszeit der Bräutigam stirbt."

Im ostindischen Archipel scheint also der rohe Gebrauch des Zahnausbrechens bei Trauerfällen, wie er in Polynesien üblich ist, in die mildere Form des Zahnabfeilens übergegangen zu sein.

Unter anderen Völkern gilt die Horizontalfeilung lediglich als Pubertätsgebrauch.

In dem Masse, wie sich diese Deformationsart unter den Malayen vorfindet, wird sie sonst nirgends wieder angetroffen.

Bezüglich der Ureinwohner Amerikas erwähnt Ratzel in seiner Völkerkunde Seite 527 von den nordwest-amerikanischen Indianern die Abschleifung der Zähne bis auf das Zahnfleisch: „Die Abschleifung wird auf das Essen sandiger Fische und Muscheln zurückgeführt, beruht aber wohl eher auf bewusster Verunstaltung."

Dieser letzteren Ansicht kann ich mich nicht anschliessen; ich halte vielmehr die sandige Nahrung für die Ursache der Anomalie, wenigstens für die nordwestlichen Stämme.

Zunächst weiss ich aus eigner Erfahrung, dass man in ganz kurzer Zeit mit einem kleinen rotierenden Sandpapierscheibchen beträchtliche Massen der Zahnsubstanz abschleifen kann, warum sollte da nicht ein jahrelanges Zerbeissen sandiger Nahrung ein teilweises oder auch vollkommenes Verschwinden der Zahnkronen zur Folge haben, zumal da die Kraft, mit denen die einzelnen Sandkörnchen beim Kauakte gegen die Zähne gepresst werden, keine geringe ist?

Sodann glaube ich aber auch aus den Notizen, die Bankroft in seinem Werke „The native Races of the Pacific States of North Amerika" über die Abschleifung der Zähne macht, den Schluss ziehen zu müssen, dass eine bewusste Verunstaltung des Gebisses bei nordwestlichen Stämmen ausgeschlossen ist.

Ich lasse hier seine Angaben folgen: Die erste betrifft die Eskimo der Nordküste Alaskas: They have — — — — flat nose, smal oblique eyes, teeth regular, but well worn. Auf derselben Seite befindet sich unter den Anmerkungen eine Notiz, die die Abnutzung der Zähne bei dem Eskimo abhängig macht von der Natur der Nahrung und wie sie dieselbe zubereiten: Their teeth are regular, but from the nature of their food, and from their practice of preparing hides by chewing, are worn down almost to the gums at an early age. Auf das Essen sandiger Fischnahrung führt Bankroft ebenfalls die Abnutzung der Zähne der Nootka-Indianer in Britisch-Columbien zurück: „The teeth are frequently worn down to the gums with eating sanded salmon."

Die Fischnahrung scheint es besonders zu sein, die mit Sand untermischt, diese Veränderung des Gebisses bewirkt.

Beim Trocknen und Aufbewahren der Fische ist der Sand unentbehrlich, wenigstens nach Bankroft zu urteilen, der uns schildert, wie die Haidahs, die an der Westküste gegenüber der Königin-Charlotte-Insel wohnen, die Fische, hier besonders den Lachs, behandeln:

„Salmon arel opened and the entrails, head and backbone removed before drying. During the process of drying sand is blown over the fish, and the teeth of the eater are often worn down by it nearly even with the gums." —

Auch von den Chinooks, die unter 44.—46.⁰ s. B., 124 -122 E. an der Westküste wohnen, erwähnt Bankroft die Abnutzug der Zähne: Their face is broad — — — teeth irregular and much worn.

Sehr wichtig erscheint mir die von Bankroft angegebene Thatsache, dass die Stämme, die weiter ab wohnen von der Küste und im Innern leben, die Abschleifung der Zähe nicht zeigen, mit Ausnahme derer, die an den Flüssen sitzen:

„Teeth of the river-tribs worn down by sanded salmon."

Diese Angabe bestärkt mich noch mehr in der Annahme, dass die Abschleifung lediglich die Folge der Aufnahme sandiger Nahrung, vor allem sandiger Fische ist.

Nun könnte man einwerfen, Bankroft sei überhaupt nicht der Gedanke an eine absichtliche künstliche Bearbeitung der Zähne gekommen. Es ist aber schon von vornherein schwer anzunehmen, dass ein so scharfer Beobachter, wie Bankroft, nicht auf diesen Punkt geachtet hat; dieses ist um so unwahrscheinlicher, als ihm doch von anderen nordamerikanischen Völkern die künstliche Deformation des Gebisses bekannt war. So berichtet er z. B. von den Bewohnern der Provinz Panuco:

The natives of the province Pánuco, for many years after the Spanish Conquestion, continued to go naked, they pulled out the beard, perforated the nose and ears and filing their teeth to a sharp point, bored holes in them and dyed them black.

Ferner von den Zapoteken; „Some among them filed their teeth."

Die horizontale, künstlich herbeigeführte Abschleifung der Zähne erwähnt er schliesslich noch von den Stämmen an der Trinidad-Bai (204a).

In einem Aufsatze über die Zahnverstümmelungen in Mexiko und Yukatan von Hamy (205) findet sich die Notiz: „Herr von Ihering hat es vollständig unterlassen, die Abfeilung der Zähne zu erwähnen, die Vancouvre von den Indianern der Trinidad-Bai so beschrieben hat: „Les dents des deux sexes sont toutes limées horizontalement jusqu'au ras des gencives, les femmes exagèrent l'usage au point de les réduire au dessous de le niveau" (206). Ein ähnlicher Gebrauch ist bei Pelitot (207) von den Thlinkiten der Nordwestküste Nordamerikas angegeben.

Unter den Negervölkern Afrikas habe ich den Gebrauch, die Zahnkrone bis zum Zahnfleisch zu entfernen, bei den in Niederguinea wohnhaften Muschikongos angegeben gefunden. Nach Zintgraff (208) brechen sie sehr oft obere und untere Schneidezähne aus, sodass man mitunter nur noch einen ganz schmalen, weissen Rand aus dem Zahnfleische hervorragen sieht. Ihre Sprache soll trotz dieses Eingriffes noch ziemlich deutlich sein, nur die Zischlaute sollen sehr schwach und weich auftreten.

Mense erwähnt von den Wabuma, einem Volke am mittleren Kongo, die Horizontalfeilung: „Die Wabuma", sagt er, „hatten die oberen Schneidezähne ganz abgefeilt" (209).

Schliesslich geht aus dem schon auf Seite 47 dieser Arbeit erwähnten Berichte Chavannes hervor, dass neben den Muschikongos auch die Musserongo die Amputation ausüben.

Bei Mumien von Aegyptern will man ebenfalls abgefeilte Zähne beobachtet haben. Diese Behauptung dürfte aber wohl auf einem Missverständnisse beruhen, indem die Abschleifung des Gebisses, welche in mehr oder minder hohem Grade sich überall mit dem Alter vollzieht, mit künstlicher Abfeilung verwechselt worden ist.

Anführen will ich hier noch bezüglich der Aegypter eine Notiz Rüdingers (209a), nach der Blumenbach an ägyptischen Mumien die Beobachtung machte, dass die Zähne konisch zugefeilt waren Hiernach muss man annehmen, dass die Unzufriedenheit mit der Form der Zähne schon im grauen Altertum vorhanden gewesen ist.

Die künstliche Färbung der Zähne.

Neben der natürlichen Färbung der Zähne, die häufig die Folge der Einwirkung eines Genussmittels, irgend einer Beschäftigung oder manchmal sogar der Bodenbeschaffenheit ist, hat man auch künstliche Färbung bei vielen Völkern gefunden, die auf die verschiedenste Art herbeigeführt wird.

Hinsichtlich ihrer Ausführung sind zwei Färbungsarten zu unterscheiden, deren erste ich als die einfache, künstliche Färbung bezeichne.

Das Verfahren besteht darin, dass die Vorderzähne, ohne bearbeitet oder überhaupt verändert zu werden — es sei denn, dass die Färbung z. B. mit Horizontalfeilung verbunden ist — durch Auftragen eines stark beizenden und den Schmelz angreifenden Färbungsmittels, eine dauernde Färbung erhalten, was z. B. durch Auftragen der Säfte einer Chalcas- oder Artocarpus-Art (Borneo) oder durch Beizen mit Eisentinten (Japan) bewirkt wird.

Meines Erachtens ist diese einfachste unter den Deformationsformen der natürlichen, durch den Genuss farbenreicher Pflanzen und Früchte bedingten Färbung der Zähne entstanden.

Um diese oder eine ähnliche Färbung, die allmählich eine unentbehrliche Erscheinung bei den betreffenden Völkern wurde, schneller und intensiver herbeizuführen, griff man zu künstlichen Mitteln, deren Anwendung sofort den erschnten Erfolg hatte.

In vielen anderen Fällen wird die natürliche, infolge von Genussmitteln entstehende Färbung durch raffinierte Behandlung der Zahnkrone, durch Feilungsarten, die darauf ausgehen, die dem Farbstoff lange widerstehende Substanz, die Glasur oder den Schmelz auf der Vorderfläche des Zahnes ganz oder teilweise zu entfernen, beschleunigt und intensiver zur Ausbildung gebracht.

Diese Art der Färbung findet sich fast nur in den Gebieten, wo als Genussmittel Betel und Sirih gekaut wird, vor allem also auf dem ostindischen Archipel, unter Malayen und Papuanen.

Ich halte die Färbung für das historisch Primäre, die Feilung, die dazu dient, die natürliche Färbung zu verstärken, für das Sekundäre.

Diese Annahme scheint mir natürlicher als z. B. die von den Herren Bässler, Jacobsen und Kühn gelegentlich angeführte (210), nach der diese Art der Zahnfeilung ursprünglich den Zweck gehabt hat, den Betel und Sirih besser kauen zu können; findet sich doch auch in vielen diese Feilungsart betreffenden Notizen der Gedanke, die Feilung würde zur Erzeugung der Färbung angewandt, ausgesprochen.

So heist es beispielsweise in Sprengels „Beiträgen" (211) von den Rejangs auf Sumatra: „Beide Geschlechter haben die sonderbare Gewohnheit, ihre Zähne zu verunstalten. Einige, vornehmlich Weiber, im Lande Lampoon — — feilen nur die äussere Rinde oder das Email ab, damit die Zähne desto besser die glänzende Schwärze, die sie ihnen gewöhnlich zu geben suchen, annehmen mögen.

Von den Alfuren auf Buru berichtet Bickmore (212): „Das Feilen der Zähne, das sie ausüben, hat den Zweck, dieselben kurz und die vordersten auf der äusseren Seite concav zu machen, damit die schwarze Farbe hält."

Die zum Zwecke der Färbung vorgenommenen Feilungen habe ich in meiner Einteilung der Deformationsformen daher als Farbenfeilungen bezeichnet, deren Hauptformen die Flächenfeilung, die Furchen-, Dellen- und Relief-Feilungen bilden.

Diese Formen sind immer mit Färbung verbunden, die entweder nach der Feilung selbständig durch das Kauen von Betel und Sirih in nicht allzulanger Zeit auftritt oder vielfach auch durch künstliche Färbungsmittel noch schneller herbeigeführt wird.

Unter den Farbenfeilungen ist am meisten verbreitet die Flächenfeilung (Fig. VI.): Die Lippenfläche der Schneidezähne eventuell auch die der Eckzähne, wird oberflächlich flach gefeilt — der Schmelz teilweise entfernt — oder die Feilung greift tiefer, so dass das Zahnbein (Dentin) in grösserer Ausdehnung freiliegt und die Facialfläche der Zähne dellenartig ausgehöhlt ist (Dellenfeilung).

VI. Flächenfeilung.

Die Kaukante wird dabei zumeist soweit abgefeilt, dass sie eine grade Linie bildet.

In anderen Fällen findet sich eine verschieden breite, horizontale Querfurche in den Zahn gefeilt (Furchenfeilung, Fig. VII).

VII. Furchenfeilung aus Scheff.

Entgegen den bisher beschriebenen Methoden, bei welchen die Facialfläche einfach facettiert, dellen- oder furchenförmig ausgehöhlt wird, kann bei der nun zu beschreibenden Deformation das Bestreben nicht verkannt werden, den Schmelz vortretend zu machen und dadurch eine vorteilhafte Schattierung herbeizuführen (Relieffeilung Iherings, Fig. VIII u. IX).

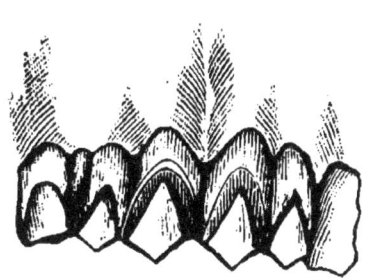 

VIII. Relieffeilung aus Scheff.   IX. Relieffeil. nach Ihering.

Das einfachere Beispiel dieser Art besteht darin, dass die seitlichen Teile der Wangenfläche der Krone bis an das Zahnbein derart abgefeilt werden, dass die mittlere Partie des Schmelzes in Form eines dreieckigen Feldes vorspringt, dessen Basis an der Kaukante liegt. Der freie Zahnrand selbst wird dabei entweder nicht weiter bearbeitet oder spitzig zugefeilt, sodass nun der Schmelz an der Wangenfläche eine rhombisch geformte, erhabene Fazette bildet.

Von den beiden eben beschriebenen Formen repräsentiert die letztere nur die weitere Durchführung der ersteren.

Auch Kombinationen der eben beschriebenen Feilungsarten an einem und demselben Gebisse finden sich bisweilen. So können z. B. manche Zähne mit Flächen-, andere mit Furchenfeilung versehen sein.

Neben diesen beschriebenen Formen finden sich noch manch andere, manchmal ganz komplizierte Formen. Die meisten sind von so schwankender Begrenzung, dass es an und für sich schwer hält, eine Einteilung durchzuführen.

Ich mache hier aufmerksam auf die von Uhle auf Seite 10 seiner Arbeit aufgestellten Formen von Farbenfeilungen.

Um die Wirkung der Genussmittel auf die Zähne genau kennen zu lernen, und um den Zusammenhang der letztgenannten Feilungen mit der Färbung nicht ganz unbegründet zu lassen, habe ich mit dem hier hauptsächlich in Betracht kommenden Betel und Sirih einige Versuche angestellt. Ihering hat schon in seiner Arbeit (Seite 241) hierzu aufgefordert.

Genauere Untersuchungen über den Einfluss des Betelkauens auf die Zähne liegen noch nicht nicht vor und wären sehr erwünscht."

Das Betelkauen ist eine in Süd- und Ostasien, vor allem aber auf dem ostindischen Archipel allgemein verbreitete, uralte Sitte, die darin besteht, dass Gambir, Catechu oder ein Stück, meist ein Viertel Arekanuss (Same der prachtvollen Palme Areka Catechu) mit etwas gebranntem Muschelkalk in ein Sirihblatt (von Piperbetle) eingeschlagen und gekaut werden, so dass Zähne und Lippen sich allmählich gelb färben und reichliche Speichelabsonderungen erfolgen. „Dieses so zubereitete Modekäumittel" sagt Leunis (213) „tragen Reiche und Arme, Männer und Weiber, ja sogar Kinder bei sich. Man reicht es Freunden und Besuchenden wie bei uns eine Prise Tabak. Europäern erscheint das beständige Kauen des Pinangs ekelhaft weil die Arekanuss nicht nur Speichel und Zahnfleisch blutrot färbt, sondern auch das Blut erwärmt und ins Gesicht treibt. Unter den Eingeborenen jedoch gehört das Betelkauen zum guten Ton und wird wegen des heissen und feuchten Klimas auch für ein gutes Verdauungsmittel gehalten."

Professor Selenka (214) berichtet über diese Sitte: „Alle Javanen und Malayen kauen fast den ganzen Tag auf einem wallnussgrossen Bissen herum, welcher aus Betelnuss, Sirihblättern, Gambir, Tabak und Kreide zusammen geknetet ist.

Der Speichel und auch die ganze Mundhöhle und die Lippen werden durch den Sirihbissen hell scharlachrot gefärbt, die Zähne hingegen werden schwarz. Erregt schon dieser unnatürlich gefärbte Mund unser Missfallen, so wird dies noch erhöht durch das unaufhörliche Spucken."

Für meine Untersuchung mischte ich zwei fein zerschnittene Sirihblätter, eine halbe, ebenfalls ganz fein zerschnittene Arekanuss und eine kleine Messerspitze gebrannten Kalkes untereinander und brachte alles in ein zur Hälfte mit frischem Speichel angefülltes Porcellanschälchen. Die ganze Masse wurde nun mit dem Speichel innig vermengt, der zunächst eine gelbrötliche, dann eine rotbraune Färbung annahm. In diese Lösung, die ungefähr auf der konstanten Temperatur der Mundhöhle gehalten wurde, brachte ich zwei Schneidezähne und einen Eckzahn, die ich einem macerierten Schädel entnahm. Den kleinen Schneidezahn senkte ich vollständig intakt in die Lösung, vom grossen wurde die oberflächliche Schicht abgefeilt, so dass das Zahnbein noch nicht frei lag. Beim Eckzahn war auf der Fazialfläche das Dentin frei gelegt. In ein zweites Gefäss, das dieselbe Lösung, nur etwa dreimal so viel gebrannten Kalk enthielt, kamen die entsprechenden Zähne der anderen Kieferhälfte, die genau so behandelt waren, wie die ersteren; in dem zweiten Gefäss hatte die Lösung eine dunklere Färbung. Nach ungefähr drei Wochen, während welcher Zeit die Lösungen mehrfach erneuert wurden, waren die Resultate folgende:

I. Zähne im ersten Gefäss:

1) Unlädierter kleiner Schneidezahn: Nur die Ver-

tiefungen und feinen Furchen der Schmelzoberfläche zeigen eine schwachgelbliche Färbung.

2. Grosser Schneidezahn mit Abfeilung der oberflächlichen Schmelzschicht: Die gefeilte Fläche hat eine gleichmässig verteilte gelbliche Färbung angenommen. In beiden Fällen ist die Färbung nicht tiefer eingedrungen, sie ist nur dem Schmelz aufgelagert; anders beim dritten Zahne, auf dessen Fazialfläche das Dentin frei gelegt war. Hier war eine rotbräunliche Färbung eingetreten, von der sich der gelbliche Schmelz scharf abhob. Die Färbung war 1 bis 2 mm in die Tiefe eingedrungen und erreichte an mehreren Stellen die Nervenhöhle des Zahnes.

Dass der Farbstoff von Dentin besser aufgenommen wird, erklärt sich aus seiner Porosität; es wird durchzogen von einem sehr feinen Kanalsystem, das radiär von der Nervenhöhle zur Peripherie verläuft, während der Schmelz, der noch von dem undurchdringlichen Schmelzoberhäutchen bedeckt ist, eine kompakte Masse bildet.

Was nun die Zähne des zweiten Schälchens betrifft, so traten bei ihnen die Färbungen intensiver auf, vor allen Dingen schien der Schmelz mehr angegriffen und gleichmässig gelblich gefärbt. Diese verstärkte Wirkung kann man nur dem vermehrten Gehalte an gebranntem Muschelkalk zuschreiben. Zunächst wirken die Alkalien zerstörend ein auf das Schmelzoberhäutchen, auch der Schmelz selbst wird von ihnen angegriffen, es bilden sich mikroskopisch kleine Vertiefungen, die aber vollständig genügen, die Oberfläche rauh zu machen, sodass sich der Farbstoff festsetzen kann.

Ferner verbindet sich das Kalciumhydroxyd, denn in dieses wird der gebrannte Kalk im Speichel zum grossen Teil übergeführt, leicht mit der in Speichel stets reichlich vorhandenen Kohlensäure, was zur Folge hat, dass das an den Zähnen haftende, mit Farbstoff vermengte Kalciumhydroxyd sich zu festem Kalciumkarbonat verwandelt:

$$Ca(OH)_2 + CO_2 = Ca\ CO_3 + H_2O.$$ Auf diese Weise können wir uns auch die starken Ablagerungen von Zahnstein, der ja bekanntlich zum grossen Teil aus kohlensaurem Kalk besteht, wie sie an den Zähnen besonders von Malayen beobachtet sind, erklären.

Wie gewaltig manchmal diese Ablagerungen sein können, und welche unnatürlichen Umgestaltungen hierdurch hervorgerufen werden können, geht am besten aus folgendem hervor:

Ad. de Roepsdorff (215) sandte sechs durch Kalkablagerungen stark vergrösserte und unförmlich gewordene Zähne an R. Virchow ohne Erklärung ein. Dieser in Anthropologicis so bewanderte Mann wusste jedoch absolut nichts damit anzufangen. Er beschreibt sie (216) als „höchst ungewöhnliche Körper, wie ich sie weder gesehen noch von ihnen gehört habe."

„Die einzelnen Körper haben in Betreff der Grösse und des Aussehens am meisten Aehnlichkeit mit etwas kleinen und verdrückten Rosskastanien. Die Oberfläche ist glänzend und glatt, die Farbe dunkelbraun, fast genau der Farbe einer reifen Kastanie entsprechend." ..... „Der Gedanke, dass es sich um eine Frucht handele, wird noch mehr unterstützt dadurch, dass an einer Stelle, zuweilen an dem verjüngten Ende, zuweilen mitten aus dem Körper heraus, ein kurzer, spitziger Stiel hervortritt."

Als Roepsdorffs Erklärung eintraf, entpuppten sich die rätselhaften Gegenstände, welche die ganze einschlägige Gelehrsamkeit der Reichshauptstadt in Ratlosigkeit versetzt hatten, als harmlose, vergrösserte Zähne.

Roepsdorff hatte sie unter dem Volke der Shom-Moat gesammelt in der Nancowry-Gruppe, wo sie sehr oft vorkommen.

Alle Eingeborenen der Nikobaren essen nämlich im Uebermass Betelstaub, Betelnüsse und ungelöschten Kalk. Die Bildung von Absätzen des durch Chamicalaub gefärbten Kalkes ist jedoch nicht gleich häufig auf allen Inseln. Die kolossalen Zähne werden hauptsächlich um den Nancowry-Hafen, in Nancowry, Camorta und auf den Trienkut-Inseln angetroffen. Man betrachtet sie als Schönheit. In Schowra, Terewa, Bompoka und Car Nicobar sind so grosse Zähne sehr selten, dagegen kommen sie gelegentlich in Katschal und Sambelong (Gross- und Klein-Nikobar) vor. Bei allen Stämmen sind die Zähne bei den Individuen vom Alter von 13 Jahren gefärbt; nur in der Grösse der Zähne besteht ein Unterschied.

Leider unterlässt es Roepsdorff, den Gesichtsausdruck der Nikobaren mit den Kolossalzähnen zu schildern; aber man kann sich leicht denken, wie ein solches Rosskastaniengebiss dem Gesicht stehen muss.

Eine ähnliche Erscheinung wie auf den Nikobaren findet sich nach Miclucho Maclay auch auf den Admiralitätsinseln. (217.)

Aus unserer Untersuchung entnehmen wir ferner die wichtige Thatsache, dass die Beize in nicht zu langer Zeit das Zahnbein durchdringt und schliesslich den Nerven berührt, der durch den viel Gerbsäure enthaltenden Arekaauszug adstringiert, unempfindlicher wird und sich endlich in eine lederartige Masse umwandeln muss. Nur so kann man sich die Schmerzlosigkeit solcher besonders mit Flächenfeilung behandelten Zähne, wenn sie in Kontakt mit hohen oder niedrigen Temperaturen kommen, erklären.

Aus dieser Untersuchung sehen wir ferner, das nach Entfernung des Schmelzes die färbende Wirkung des Betels viel intensiver auftritt. — Ausser diesen Erfahrungen glaube ich noch aus folgenden Gründen die Färbung als das Primäre annehmen zu müssen:

1) In den Gegenden, wo die Flächenfeilungen mit Färbung combiniert vorkommen, werden weisse Zähne für unschön gehalten, die Farbe ist in allen Aussprüchen der Leute dieser Gegend das Massgebende.

2) Die Feilungsformen sind nicht einheitlich; es ist ein Gewirr der verschiedensten und kompliziertesten Formen, die zum grossen Teil nur durch die Färbung Effekt machen.

Bevor ich auf das Vorkommen und die Verbreitung der Farbenfeilungen näher eingehe, möchte ich zunächst feststellen, unter welchen Völkern die einfache Färbung angetroffen wird.

Unter den asiatischen Papuanen haben wir bereits die Eingeborenen der Nikobaren erwähnt, die vom 13. Jahre ab ihre durch enorme Grösse bekannten Zähne schwarz färben; ebenso halten es die Frauen der Alfuren auf Ceram für eine grosse Schönheit, schwarze Zähne zu haben.

Auch unter den australischen Papuanen kennt man die Sitte der einfachen Färbung.

Von den Bewohnern des Kaiser-Wilhelmslandes erwähnt Professor Sivers (218): „Eine hässliche Sitte ist das allgemeine Schwarzfärben der prachtvollen weissen Zähne, von der sich nur junge Mädchen und ärmere Frauen, die den kostspieligen Farbstoff nicht erschwingen können, ausschliessen." — Auch auf dem Bismarck-Archipel ist die Sitte verbreitet. „Die

Zähne werden auch hier," so schreibt Sievers Seite 297, „wie auf Neuguinea schwarz gefärbt; doch scheint diese Sitte nicht über Neumecklenburg hinauszugehen, auf den Salomonsinseln fehlt sie bereits. Nur ärmere und jüngere Frauen lassen die Zähne weiss oder halbweiss, auch wird nicht selten abwechselnd ein Zahn weiss gelassen und der andere geschwärzt."
Diese Angabe Sievers' wurde bestätigt durch die 1896 auf der Berliner Kolonialausstellung anwesenden Neubritannier (Bewohner des Bismarck-Archipels); alle hatten sie schwarze wie poliertes Ebenholz glänzende Zähne. (218a) Durch Betelkauen allein lässt sich diese tiefschwarze Farbe nicht herbeiführen, es sei denn, dass die Glasur des Zahnes vorher entfernt würde.

Die nächste Völkergruppe bei der sich die einfache Färbung findet, sind die Malayen, die asiatischen sowohl wie die polynesischen.

Nach einer Notiz in der Zeitschrift für Ethnologie zu Berlin Bd. XXI Seite 137 färben die Ureinwohner Formosas ihre Zähne mit frischen Kräutern schwarz.

Neuerdings beschreibt A. Schwadenberg (219) das Schwarzfärben der Zähne von den Weibern der Bontoc in Nordlucon: „Um die Zähne zu färben, brennen sie ein harzreiches Holz und verreiben den sich bildenden Russ vermittelst Zuckerrohrsaftes auf einem flachen Stein, der mit einem Geflecht und mit einer Handhabe von Bejuco versehen ist.

Um das Färben der Zähne zu bewerkstelligen, werden dieselben abgetrocknet, einige Zeit mit einem Lappen gerieben und die Farbe mit weinbefeuchteten Fingern auf die Zähne getragen." Auf Luzon sind es ferner nach Uhle, Seite 3, die Tinguianen, die ihre Zähne schwarz färben.

Die Sitte, die Zähne sich durch verschiedene Kräuter und etwas Muschelkalk schwarz zu färben, eine Operation, die fünf Tage dauert, ist auf den Palaus zuhause und war es auf den Marianen.

H. Wilson (220) sagt über die Art der Schwärzung auf den Palaus: „Es werden Kräuter mit Muschelkalk in einen Teig verrieben, der auf die Zähne geschmiert wird."

Dass auf den Marianen einst die Sitte des Schwarzfärbens der Zähne bestand, geht aus der folgenden Notiz von Professor Meinicke (221) hervor: „Die Weise der

alten Chamorren, (sind die alten Bewohner der Marianen) die Zähne schwarz zu färben, ist jetzt abgekommen."
Professor Sievers (222) erwähnt von der Bevölkerung von Yap (Westmikronesien): „Ihre Zähne sind kräftig entwickelt, bei den Erwachsenen aber durch künstliches Färben und Betelkauen geschwärzt."
Auf Madagaskar färben die Völker im Innern der Insel einige Zähne mit einer Pasta schwarz und lassen andere weiss (Ratzel 223). Auf dem asiatischen Festlande färben nach Ranke (224) die Frauen von Birma die Zähne schwarz, nach Linderer (225) auch die Einwohner von Tongking und Siam.

Zu erwähnen ist ferner, dass auch die verheirateten Japanerinnen die Schwarzfärbung der Zähne eifrig betreiben.

Nach Fr. Müller (226) beizen sie mittelst einer Mischung von Eisenfeilspänen und Saki die Zähne schwarz, nach Mitford (227) wird die Farbe aus Galläpfeln und Eisenfeilspänen bereitet und diese Flüssigkeit mit einem Federpinsel auf den Zahn gestrichen..

Auch Professor Sievers (228) lässt diese Sitte der Japanerinnen nicht unerwähnt: „Die Japanerinnen bemalen sich Gesicht und Hals mit einer Pasta aus Bleiweiss und Stärke und färben die Lippen rot und die Zähne schwarz".

Dr. Gottsche (229) berichtet über diese Sitte in einem Vortrage über die Frauenfrage in Japan:

„Die Zähne werden schwarz gefärbt, eine Sitte, die ungemein entstellt; da auch Tänzerinnen — Geisha — d. h. wörtlich vollkommene Personen, die bei keinem japanischen Gastmahle fehlen, ebenfalls dieser Sitte huldigen, so dürfte die Sage, dass die Japanerinnen sich absichtlich verunstalten wollen, um nicht die Eifersucht ihres Mannes rege zu machen, wohl kaum der Wahrheit nahe kommen.

Meine Vermutung, dass auch die Ureinwohner der japanischen Inseln, die Ainos, die gegenwärtig Jeso, den Süden Sachalins, die Südspitze Kamtschatkas und die Kurilen bewohnen, diese Sitte der Japaner üben, fand ich nicht bestätigt. Es ist vielmehr anzunehmen, dass sie den Brauch nicht kennen."

Professor Koganli, Lehrer der Anatomie zu Tokio. der 166 Individuen (Jeso- Sachalin- und Kurilen-Aino) zu messen Gelegenheit hatte, giebt folgendes Urteil über ihre Zähne ab (229 a):

„Die Zähne der Aino sind, wie auch die Untersuchung am Schädel ergeben hat, gewöhnlich sehr schön, regelmässig geformt, massig, meist opak, seltener durchscheinend, gelblich oder namentlich bei den Weibern weiss. Immer sind sie sehr regelmässig angeordnet und der Zahnbestand ein sehr guter. — --"

Dass auch unter den Eingeborenen Amerikas die Färbung der Zähne vorkommt, bestätigen Bastian und Hamy: „Die Zähne werden spitzig geschliffen und gefärbt. (230)"
Von den Chaymas in Guyana berichtet Waitz, (231) dass sie die Zähne schwarz färben und zwar nicht durch Kauen von Reizmitteln, wie die Guijiros von R. de la Hacha und die Bewohner von Cumana in alter Zeit.

Als ein die Zähne schwärzendes Volk erwähnt Bastian (232) noch die Chocoindianer.

Von den Nahua Mittelamerikas berichtet Bankroft die einfache Färbung:
„Their teeth cleaned and painted with cochineal. (233)"
Unter den Negern habe ich die Färbung nur für die Bewohner von Bornu, die ihre Zähne rot färben, angegeben gefunden (234) und für einige Stämme Adamauas. Für letztere ist mir Dr. Siegfried Passarge Gewährsmann.

Er berichtet (235) von den Haussafrauen: „Schwarze Striche mit einer Tinte, Rotfärbung der Fingernägel mit Henna, der Zähne mit Gorunüssen (Colanuss), sowie Einreiben der Augenlieder vervollständigten ihre Toilette.

Aehnliches berichtet er auf Seite 13 seines Werkes über die Bevölkerung der Station Amagede am Benuë:
„Leider hatten sich viele mit einer ockerähnlichen Farbe beschmiert, die Zähne rot gefärbt — kosmetische Mittel, die nicht eben dem europäischen Geschmack entsprechen".

Von den Frauen des Dorfes Kassa (in der Nähe von Lokodja) heisst es auf Seite 40: „Indess ist das weibliche Geschlecht auch hier launenhaft und manche strebt noch nach einer besonderen Zierde. Freilich gehört ein besonderer Geschmack dazu, ihre mit Gorunüssen und Tabacksblüten rotgefärbten Zähne schön zu finden".

War es auf den malayischen Inseln der vielbegehrte Betel, der die Zähne schwarz färbte, so sind es in Adamaua die Gorunüsse, die beim Kauen die Zähne ziegelrot färben und deshalb sehr gesucht, ja sogar ein starker Handelsartikel geworden sind, wie das aus folgenden zwei Bemerkungen Passarges hervorgeht: „Ebenso gesucht auf dem Markte von Garua wie die Zuckerhirse," so schreibt er auf Seite 85, „besonders von den Frauen, waren Henna zum Rotfärben der Nägel an Händen und Füssen, ferner gestossene Gorunüsse und Tabaksblüten, die beim Kauen die Zähne ziegelrot färben." Oder es heisst im zweiten Bande Seite 13: „Die Frauen in Amagede brachten in kleinen Schälchen ein rotes Pulver zum Verkauf, gestossene Gorunüsse und Tabaksblüten, zum Rotfärben der Zähne."

Zum Schluss mag noch erwähnt sein, dass auch bei den marokkanischen Frauen „Färbung des Gesichtes, der Augenbrauen, Lippen und Zähne ganz allgemein ist (236)."

Die Farbenfeilungen sind, wie schon erwähnt, auf den ostindischen Archipel, auf Papuanen und Malayen beschränkt.

Das Vorkommen der Farbenfeilungen bei asiatischen Papuanen ist in der Zeitschrift für Ethnologie, Berlin Band XXI Seite 137 bestätigt.

I. für die Bewohner der Insel Ceram.

Unter zehn Eingeborenen der Insel, die gemessen wurden, fanden sich zwei mit diesen Feilungsarten:

1. Zähne prognath, opak, massig, weiss, die vordere und untere Seite der Zähne stark gefeilt. (Flächen- mit Horizontalfeilung verbunden).

2. Zähne oben prognath, unten gerade, opak, massig. Oben sechs, unten vier kurz gefeilt, an der Vorderseite der oberen Zähne zwei horizontale Furchen eingefeilt (Furchenfeilung).

II. für die Bewohner der Insel Amboina.

Zähne oben und unten prognath, opak, massig, weiss, oben Vorderseite gefeilt (Flächenfeilung).

III. für die Tenimber.

1. Zähne oben und unten prognath, durchscheinend, massig, oben acht vorn und unten, acht oben gefeilt im Unterkiefer.

Ein anderer Mann von Larat hatte an den oberen und unteren Schneidezähnen eine glatte Abfeilung der Vorderseite, wobei der proximale Abschnitt schwarz gefärbt, der distale weiss geblieben war. Auf das weisse Feld war an den beiden vordersten Schneidezähnen oben ein liegendes Kreuz gefeilt und schwarz gefärbt.

Die unteren Zähne waren überdies kurz gefeilt (vergl. beistehende Fig.)

2. Zähne oben und unten prognath, unten sechs oben gefeilt, oben sechs vorn und unten gefeilt.

IV. für Babber:

1. Zähne prognath, unten gerade, zurückstehend, massig, schwarz, oben sechs vorn und unten, unten vier oben gefeilt.

V. für Letti:

1. Zähne oben und unten prognath, opak, massig, oben acht vorn und unten, unten sechs vorn gefeilt.

2. Zähne oben und unten prognath, durchscheinend, fein, obere vorn und unten, untere oben gefeilt.

VI. für Kai:

Unter 22 gemessenen Personen findet sich nur eine mit Flächenfeilung.

Auch für Halmahera (237) ist die Farbenfeilung bestätigt und zwar durch W. Kückenthal (237): „Zahnfeilung ist auf Halmahera vorhanden, jedoch in geringem Masse und beschränkt sich auf das Gleichfeilen des Ober- und Unterkiefers mit den anderen Zähnen, sowie auf das Einfeilen einer flachen Rinne in die Oberseite eines jeden Schneidezahnes."

Schliesslich wird von den Alfuren auf Buru von Bickmore (238) die Dellenfeilung erwähnt.

Bezüglich der Farbenfeilungen unter den asiatischen Malayen kann ich nur auf Uhle verweisen, der in sehr ausführlicher und genauer Weise verschiedene von ihm aufgestellte Formen von Farbenfeilungen für bestimmte Gebiete des malayischen Archipels angiebt.

Um jedoch einen Einblick zu gewinnen in den Formenreichtum dieser Feilungsart und einen Ueberblick über ihre Ausbreitung zu haben, gebe ich in folgendem ganz kurz Uhles Ausführungen wieder:

1. Der Zahn ist unten und an der Vorderseite breitrinnig konkav gefeilt, das untere Ende dicker als die Mitte. (Dellenfeilung) Vorkommen: Atjeh, Payakombo (Sumatra).

2. Der Zahn ist unten und an der Vorderseite schräg nach hinten, eben oder konkav gefeilt, das untere Ende am dünnsten. — Vorkommen: Mandaya, Suluinseln, Siam.

3. Der Zahn ist schräg zweigartig abgeschnitten. — Vorkommen: Payakombo und Bondjol (Sumatra); in Java.

4. Der Zahn ist unten abgerundet, an den Seiten abgeschliffen, sodass die Mittelfläche konvex vortritt — Vorkommen: Kedu.

5. Der Zahn ist künstlich keilförmig nach oben verschmälert und an der Vorderseite konvex gefeilt. — Vorkommen: Bei den Battas des Pane- und Bilastromgebietes.

6. Der Zahn ist etwas gekürzt und mit einer schmalen horizontalen Rinne versehen. — Vorkommen: Payakombo, Solok, Bandung.

7. Der Zahn ist auf der Vorderfläche konkav gefeilt, mit einer schmalen horizontalen Rinne ausgestattet.

8. Der Zahn ist an der Vorderseite in der Weise zackig ausgeschliffen, dass er durch eine vorstehende Stufe unten begrenzt ist. — Vorkommen: Bei den Battaleuten und Pasumamädchen.

9. Der Zahn ist horizontal gefeilt und ausserdem um die vordere untere Kante verkleinert (Siak).

10. Die Unterseite des Zahnes ist gerade, die Vorderseite bis auf ein stehengebliebenes halbmondförmiges Relief abgefeilt. — Vorkommen: Sumatra, vergl. Ihering p. 246.

11. Der an der Unterseite gerade gefeilte Zahn zeigt an der abgeschliffenen Vorderseite ein stehengebliebenes dreieckiges Relief. — Purwokerto, Kebumen (Java).

12. Die untere Seite des Zahnes ist abgerundet und ein Dreieck mit gebogener Basis tritt an der Vorderseite reliefartig hervor.

13. Die Relieffeilung mit Zuspitzung findet sich nach Uhle in Krawang, Banjumas, Djokjokerto, Surokerto, Bagelen, Madium und Kediri. Nach Jhering Seite 249 auch auf Bali, Madura und bei den Dajaken Borneos.

Es darf vielleicht an dieser Stelle noch darauf aufmerksam gemacht werden, dass unter den Eingeborenen Ceylons, die das Betelkauen ebenfalls eifrig betreiben, Farbenfeilungen wie auch andere Deformationsformen nicht beobachtet sind.

Emil Schmidt spricht davon, dass es mit der Pflege des Mundes und der Zähne bei den Eingeborenen sehr genau genommen werde, dass sie die Zähne mit den Fingern oder mit ausgefaserten Holzstäbchen putzen und dass diese Prozedur an den labialen Flächen der Zahnkronen einen Defekt hervorruft, den wir mit dem der Dellen- oder Furchenfeilung vergleichen könnten.

„Untersucht man die Zähne der Eingeborenen", so lauten seine Worte, „dann findet man häufig genug an den Schneidezähnen und Eckzähnen, besonders aber am Wurzelrand der Krone der Backenzähne glatt polierte horizontale Rinnen, die nicht etwa absichtlicher Feilung, sondern nur dem intensiven Reiben der Holzzahnbürsten ihre Entstehung verdanken." (238a)

Auch unter Europäern findet man bisweilen am Zahnhalse eigentümliche Defekte, die mehr oder weniger tiefe Furchen bilden und durch ihre scharfkantige Beschaffenheit den Eindruck hervorrufen, als wären sie mit einer scharfkantigen Feile eingefeilt und die Flächen dann sorgfältig poliert. Diese Defekte finden sich nicht nur bei älteren Individuen, sondern sind auch bei jüngeren Leuten oft genug zu beobachten.

Die Frage, mit was für einem Prozess man es hier zu thun hat, ist bisher in völlig zufriedenstellender Weise noch nicht beantwortet worden und die Ansichten der verschiedenen Autoren differieren ganz bedeutend.

Einige halten derartige Defekte ausnahmslos für Abschleifungsfurchen durch die Zahnbürste und den gleichzeitigen Gebrauch scharfer Zahnpulver, die Mehrzahl aber spricht sich gegen „die Zahnbürstentheorie aus, indem sie die Wirkung der Zahnbürste für nebensächlich hält. Dieser Mehrzahl muss ich mich auch anschliessen, denn erstens findet man diese Defekte bei Leuten, die augenscheinlich ihre Zähne niemals gebürstet haben, andrerseits kommen die Usuren nicht ausschliesslich an der labialen, sondern auch an der lingualen, mesialen und distalen Fläche vor.

Aus den Untersuchungen M. Bastyrs, die in Scheffs Handbuch der Zahnheilkunde. Wien 1892, B II. 1˙ Abt. p. 134 f. veröffentlicht sind, geht nun deutlich hervor, dass am normalen Zahnbein die Bürste allein nicht imstande ist, einen auffälligen Substanzverlust hervorzurufen, dass man aber, wenn man Zähne bearbeitet, deren Zahnhals dem Einfluss verdünnter Säure ausgesetzt wird, in kurzer Zeit einzig und allein durch eine einfache Zahnbürste Defekte erzielen kann, die den oben beschriebenen ähnlich sind. Die Wirkung der Säure beruht darauf, dass zum Beginne der Bildung der Defekte eine oberflächliche Erweichung der Zahngewebe konstatiert werden kann. In ähnlicher Weise, wenn auch bei weitem nicht so stark, wirkt die Lauge des Betelhappens.

Durch die Einwirkung von Chemikalien allein bekommen wir aber niemals einen glatt polierten Defekt. Um einen solchen entstehen zu lassen sind noch mechanische Einflüsse, entweder starkes Bürsten der Zähne notwendig, oder es genügt schon die Reibung der Weichteile (Lippe, Zunge, Wange). Die anfänglich aufgelockerten oder kariös erweichten Schichten werden dann auf mechanischem Wege beseitigt, und die zurückbleibende harte, nicht erweichte Zahnbeinfläche wird auf mechanischem Wege geglättet oder poliert.

Es ist wohl anzunehmen, dass bei den Fingeborenen Ceylons, die nach Schmidt diese Defekte häufig zeigen, ausser dem intensiven Bürsten noch andere Faktoren in Betracht kommen wie z. B. eine Ernährung durch säurehaltige Früchte, Kauen von Betel u. s. w., wenn man nicht eine ausserordentliche rassenmässige Weichheit der Schmelzmasse und des Zahnbeins als Ursache der starken Usur gelten lassen will.

Das Ausschmücken der Zähne.

Das Ausschmücken der Zähne wird in der Weise ausgeführt, dass dieselben gewöhnlich mit Gold belegt, oder dass Löcher auf den Vorderflächen der Zähne in die Zahnsubstanz gebohrt werden, die dann mit Metall, Perlmutter, oder mit Steinen ausgelegt zu werden pflegen.

Dieser Gebrauch scheint auf den ostindischen Archipel, und auf Mittelamerika beschränkt zu sein.

Für Borneo und Sumatra wird er von Ratzel (239) angegeben: „Was auch die ursprüngliche Idee der Zahnfeilung sein möge, heute handelt es sich nur um eine Befriedigung des Schönheitssinnes. Es beweist dies übrigens auch die in Borneo und Sumatra weit verbreitete Sitte, durch die vier Schneidezähne des Oberkiefers Golddraht zu ziehen: bei den Tobah-Batak trägt oft einer sein ganzes Vermögen im Kopfe herum."

Ferner heisst es bei Ratzel: „Auf Borneo und Celebes, früher auch auf den Philippinen, besteht die Sitte, in die oberen Schneidezähne ein Loch in die Vorderfläche zu bohren und dieses mit Metall, womöglich mit Gold auszufüllen." Neuerdings berichten Paul und Fritz Sarasin (240) von den Toradja in Central-Celebes: „Endlich gehört in die Kategorie des Schmuckes noch das von uns mehrmals beobachtete Auslegen der Vorderzähne mit Gold.

Von den Batak auf Sumatra berichtet Brenner (241): „Mit der Abfeilung der Zähne nicht zufrieden, greifen besonders vornehme Batak noch zum Gold, damit auch die Zähne durch ihr kostbares Aussehen Zeugniss von ihrem Reichtum ablegen. Es geschieht dies in Form von schmalen Streifen, die sich am Zahnfleisch entlang ziehen, in einzelnen, seltenen Fällen sind die Zähne ganz mit solchem Metall überzogen, welches manchmal gar mit kleinen Ornamenten versehen ist. Ferner sieht man nicht selten Gold- oder Perlmuttereinlagen, die an den Schneidezähnen rund, an den Eckzähnen aber dreieckig und mit dem Scheitel nach dem Zahnfleisch gerichtet sind. Dazu werden vorher die entsprechenden Vertiefungen in den Zähnen angebracht, in die beiden Eckzähne vor dem Ueberdecken mit Gold oder Perlmutter eine Zaubermedizin gelegt, welche die Eigenschaft besitzen soll, vor Vergiftung zu schützen. Durch das Sirihkauen nehmen die Perlmutterblättchen eine goldgelbe, leuchtende Farbe an, sodass sie nur schwer vom eigentlichen Golde unterschieden werden können.

Auf Borneo sind besonders die Dajaken als Liebhaber dieser Art der Deformation zu nennen.

Neuerdings berichtet Professor Selenka (242) von dieser ihrer Gewohnheit: „Von kräftigem Schnitt, häufig von geradezu klassischer Form ist das Lippenpaar und die Schlusslinie der Lippen bildet nicht selten die bekannte geschwungene Form des Amorbogens. Oeffnen sich die Lippen, so schauen die schwarz gefärbten, schon im Alter von 10 Jahren kurz gefeilten Schneidezähne hervor, deren obere Reihe gern mit 2 bis 3 mm grossen Messing- oder Goldplättchen eingelegt wird. Diese seltsame Dekoration kommt zur vollen Wirkung während des Sprechens, indem die Metallplatten gleich einer Reihe goldener Lichter plötzlich aufblitzen und das bräunliche Gesicht mit pikantem Funkelschein beleben. Grosse Sympathie erregte es stets, wenn ich den Dajaks meinen goldplombierten Zahn wies. Sie gaben mir jedesmal den freundlichen Rat, nun auch noch die Zähne zu schwärzen."

Nach Jhering, Seite 251, findet sich in der Davis'schen Schädelsammlung ein Dajakenschädel, an dem an der Vorderfläche aller Vorderzähne ein Loch gemacht ist, das mit Betel gefüllt ist. An anderen Dajakenschädeln derselben Sammlung ist auf der Vorderfläche der Schneidezähne wie auch der Eckzähne je ein Kanal durch den Schmelz in die Zahnhöhle gebohrt und in dieses Loch ist je ein kleiner gelber Nagel in die Zahnhöhle getrieben, der einen runden Kopf besitzt.

Besonders interessant war mir die Thatsache, dass auch die Japaner für das Auslegen der Zähne mit Gold schwärmen, allerdings erst in letzterer Zeit; dass sie also das Schwarzfärben nicht für das einzig Seligmachende halten.

Im Correspondenzblatt für Zahnärzte 1887, Heft IV. auf Seite 371 findet sich die Stelle: „Die Japaner haben eine so grosse Vorliebe für Goldfüllungen, dass sie sich häufig künstliche Kavitäten in gesunde Zähne bohren und mit Goldfüllen lassen; sie motivieren dies mit der Erklärung, dass dieses ein Zeichen von vorgeschrittener Civilisation sei."

In ganz ähnlicher Weise ausgeführt finden wir die Ausschmückung der Zähne bei den Eingeborenen Mittelamerikas.

J. G. Owen, welcher im Laufe des Sommers 1892 in Centralamerika in Copan verschiedene Ausgrabungen und Forschungen für das Peabodymuseum anstellte, fand in einem der dort vorgefundenen Skelette in dem Oberkiefer desselben einen Schneidezahn, an dessen Labialfläche sich eine Einlage aus grünem Stein befand, welche beinahe viereckig war; die Ecken derselben waren abgerundet.

In dem angrenzenden Zahn fand sich eine ähnliche aus rotem Cement bestehende Einlage vor, welche sich jedoch so sehr gelockert hatte, dass sie bei der Besichtigung des Kiefers herausfiel.

Professor Owen (243) war der Ansicht, dass diese vor Jahrhunderten eingesetzten Einlagen nicht zur Füllung von Cavitäten, sondern zur Verzierung der Zähne bestimmt waren.

Cortez fand vor ca. 360 Jahren in den Ruinen einer Stadt Guatemalas ähnliche Exemplare eigenartiger Zahnverzierungen. Stephens ist der Ansicht, dass die Naturvölker, in deren Zähnen man solche Einlagen vorfand, zur Herstellung der zur Aufnahme der letzteren nötigen Vertiefungen kleine Apparate aus Quarz verwendeten, welche sich in verschiedenen Grössen vorfanden (243).

Interessante Bemerkungen dieser Art finden wir auch in einem Aufsatze Hamys, der sich im Bulletin de la soc. d'Anthrop. de Paris 1882 findet und betitelt ist: „Les mutilations dentaires au Mexique et dans le Yucatan".

Ich führe hier die Uebersetzung der in unser Bereich fallenden Stellen an: „Mota-Padilla berichtet von den Indianern der Provinz Panuko, dass sie ihre Zähne nicht nur zuspitzten, sondern auch Löcher in die Zahnsubstanz bohrten, die sie dann mit einer schwarzen Substanz verkitteten."

„Die Nachforschungen", so heisst es an anderer Stelle, „die auf dem Trümmerfelde von Tejar, in der Nähe von Médellin, angestellt wurden, haben das Kopffragment einer Statuette aus gebranntem Thon zu Tage gefördert, die neben dem abgeplatteten Schädel der Tolteken auch Bohrlöcher an der Vorderfläche der oberen Schneidezähne aufweist, deren kunstvolle Herstellung Sahagun den Huazteken zuschreibt."

Die untenstehende Figur zeigt diesen merkwürdigen Kopf, dessen Mund geöffnet die oberen Schneidezähne zeigt.

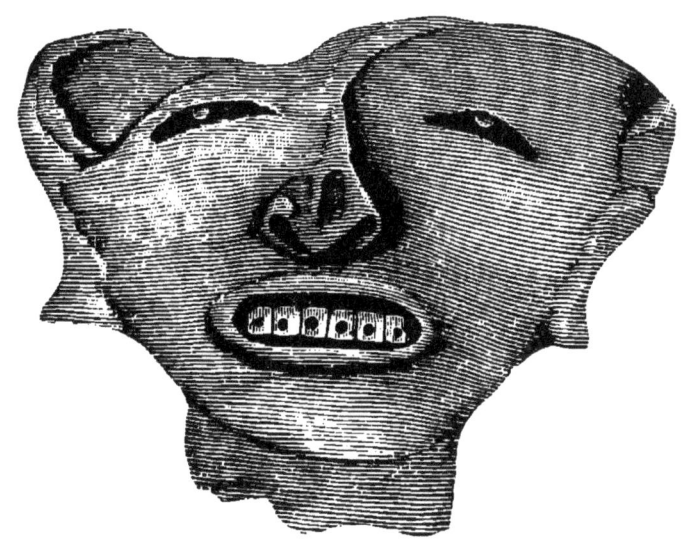

Nach Hamy haben ferner die Nachforschungen, die im Campêche-Staate während der französischen Occupation angestellt wurden, die Entdeckung eines Oberkieferfragmentes herbeigeführt, das eine Verstümmelung zeigt, die fast identisch ist mit der von Téjar.

„Dieses Fragment, das einen Teil des Stirnknochens und fast das ganze Gesicht umfasst, wurde zusammen mit einigen kleinen Figuren in einem Grabe der Umgegend von Campèche gefunden. Dieses Stück zeigt den oberen Zahnbogen in seinem natürlichen Zustande. Der linke mittlere Schneidezahn fehlt, auf der Mitte der Facialfläche der übrigen Vorderzähne findet sich je ein cylindrisches Loch, welches 3 mm im Durchmesser hat und in welchem je ein harter Stein von blaugrünlicher Farbe gelagert ist." Vergleiche untenstehende Figur.

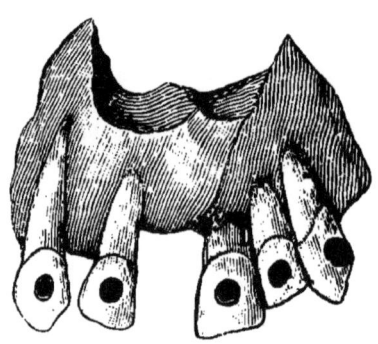

„Der sichtbare Teil dieser Steine, die von Dr. Fucier für echte Türkise ausgegeben sind, ist konvex und zeigt eine schöne Politur. Zwei der Steinchen sind aus ihren Höhlen verschwunden, nämlich die des rechten Eckzahnes und des linken mittleren Schneidezahnes. Es ist leicht festzustellen, dass die Höhlungen, die eine Tiefe von 1 mm erreichen, mit Hülfe eines Bohrinstruments hergestellt worden sein müssen. Die Operation bedurfte notwendigerweise einer beträchtlichen Zeit und man begreift leicht, dass eine so verlängerte Bearbeitung der Zähne nicht mit Glück oder Erfolg bei lebenden Individuen angewandt werden konnte. Die aufmerksame und genaue Prüfung dieses wertvollen Stückes beweist überdies sehr klar, dass die Arbeit erst post mortem ausgeführt worden ist, da sich irgend welche pathologischen Veränderungen in der Nachbarschaft nicht zeigen."

Ob es sich aber nun um Lebende oder Tote handelt, dürfte gleichgültig sein; die Verunstaltung ist jedenfalls genau dieselbe in Téjar und Campèche, bei den alten Huazteken und den alten Maya, und diese so auffallende Aehnlichkeit kommt noch zu anderen Thatsachen hinzu, um einmal mehr die ursprüngliche Einheit der Völker zu beweisen.

Schliesslich sei noch eine das Ausschmücken der Zähne betreffende Notiz Bastians (244) erwähnt: „In Guayaquil wurden Goldstücke an den Zähnen befestigt, wie bei den Goldzähnen der chinesischen Grenze."

Das Verdrängen der Zähne aus ihrer Stellung.

Eine eigenartige und zugleich wenig verbreitete, auf Afrika beschränkte Erscheinung ist das künstliche Verdrängen der oberen Schneidezähne, wie es uns z. B. Faidherbe (245) von der aus Arabern, Berbern und Negern gemischten Bevölkerung am Senegal mitteilt.

Bei manchen Frauen sind daselbst die Schneidezähne des Oberkiefers in sehr auffallendem Grade vorragend, was auf folgende Art erzielt wird: „Schon die Milchzähne werden zu diesem Zwecke den Mädchen mit einer Zange ausgezogen und die definitiven Zähne mit den Fingern und der Zunge nach vorn gedrängt, was vollständig genügt, einen künstlichen dentalen Prognathismus zu erzeugen." Die Folgen dieser Verunstaltung sind gewiss keine unbedeutenden. Der im Oberkiefer erzeugte Prognathismus muss compensierend auch auf den Unterkiefer übergehen, indem der Mittelteil des Unterkieferkörpers samt den Schneidezähnen sich vorneigt, um den weit ausladenden Oberkiefer zu erreichen. Hierdurch wird die Profillinie winkelig abgeknickt und der Mund selbst schnauzenartig vorgetrieben.

Die berührten Verhältnisse müssen die Gesichtsweichteile in ganz hervorragender Weise modifizieren, denn bei starker Prognathie werden die Scheidewand und die Flügel der Nase nach oben abgelenkt, die Nasenöffnung nach vorne gerichtet, und diese Aufwärtsbiegung veranlasst wieder eine Abflachung des knöchernen Nasenrückens. Die Lippen werden schräg gelegt und zwischen denselben treten zuweilen die gleichfalls schräg gestellten Frontzähne hervor.

Auch unter einigen Stämmen Ostafrikas wird dieser künstliche Prognathismus angetroffen.

So berichtet Baumann (246) von dem kriegerischen Volke der Massai, dass bei beiden Geschlechtern die beiden oberen mittleren Schneidezähne vorgebogen, die entsprechenden unteren ausgezogen werden; und zwar tritt die Zahnverstümmelung beim Eintritt in die Mannbarkeit (bei Knaben im 16., bei Mädchen im 12. Jahre ein.) Die Verstümmelung wird nicht durch den Zauberdoktor, sondern durch einen Kundigen vorgenommen.

Die Wataturu, sprachlich nahe Verwandte der Massai, haben sich ebenfalls diesem Gebrauche angeschlossen: „Beim Reifwerden werden die Zähne nach Massaiart hergerichtet, d. h. die vordersten oberen Schneidezähne vorgebogen, die entsprechenden unteren ausgebrochen, doch kommt diese Sitte immer mehr ab" (247).

Ferner biegen nach Baumann die Wafiomi, ein hamitischer Volksstamm, der die Landschaften Ufiomi, Iraku, Uassi und Burungu bewohnt, die oberen Schneidezähne vor.

Schliesslich ist noch die Notiz Stuhlmanns (248) zu erwähnen, nach der die Wakamba, Wataiti, die Völker der Kilimandscharo-Niederung und einige in Usambara und den Nachbarländern wohnende Eingeborene, die Bevölkerung von Turu, Umbugwe und Irangi, schliesslich die Wakaguru und Wagogo neben der Beschneidung auch das Vordrängen der beiden oberen mittleren Schneidezähne üben.

Einen ähnlichen Prognathismus, der allerdings nicht so stark auftritt, verursacht das Auseinanderdrängen der mittleren Schneidezähne.

Zintgraff erzählt (249), dass er am Kongo manche Individuen gesehen habe, deren obere Schneidezähne soweit auseinanderstanden, dass man unbedingt annehmen musste, dieselben seien künstlich durch dazwischen getriebene kleine Keile auseinander gedrückt worden.

„In diesem Falle schieben sich die Zähne ein wenig über ihre Nachbarn. Der Prinz von Kiaba," -- so erzählt Zintgraff weiter, -- „hatte bei geschlossenem Munde die beiden oberen Schneidezähne auf diese Weise gabelförmig hervorragend. Die Zähne waren noch einmal so lang als die übrigen, und der Prinz schien sehr stolz auf diesen Schmuck zu sein. (Vergl. nebenst. Fig.)

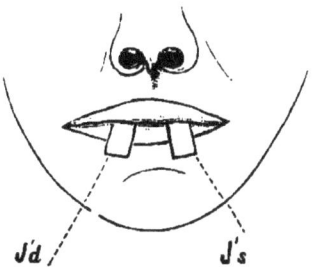

Wenn auch nicht bestritten werden soll, dass die Lücke zwischen den oberen Schneidezähnen und die Verlängerung der letzteren künstlich herbeigeführt ist, so muss doch darauf aufmerksam gemacht werden, dass diese Anomalie häufig auch unter Europäern, bei denen eine absichtliche Verunstaltung jedenfalls ausgeschlossen ist, beobachtet wird. Sehr leicht tritt eine solche Dislokation der oberen Schneidezähne ein, wenn die unteren Zähne fehlen. Verbunden hiermit ist fast immer ein Längerwerden der oberen Zähne, das bedingt ist durch den mangelnden Widerstand von unten, sodass schliesslich die Zähne zum Munde herausragen und sich gespreizt ausnehmen.

Aber auch ohne die Voraussetzung des Fehlens der unteren Zähne ist eine Lückenbildung zwischen den mittleren oberen Schneidezähnen möglich und leicht zu erklären: Beim Durchbruch finden die mittleren Schneidezähne meist genügenden Platz, weil sie die ersten durchbrechenden Zähne sind, und da sie verschiedenen Kieferhälften angehören, so ist es nicht zu verwundern, dass sie in vielen Fällen ziemlich weit von einander durchbrechen, wodurch besonders für die seitlichen Schneidezähne Raummangel entsteht. Daher sind auch Dislokationen bei den seitlichen Schneidezähnen häufig, entweder treten sie nach der Labial- oder Lingualseite aus der Zahnreihe hervor und erscheinen im Vergleich mit den vortretenden, manchmal unnormal langen mittleren Schneidezähnen sehr klein und kurz.

Von einem prägnanten Fall dieser Art erzählte mir Professor Pechuel-Loesche.

Der Fall betraf eine junge Dame (Deutsche, 24 Jahre alt), deren obere Schneidezähne in derselben Weise wie Zintgraff von dem Prinzen von Kiaba angiebt, fast doppelt so lang waren, als die übrigen, so dass sie von der Unterlippe zum grossen Teil bedeckt wurden; sie traten jedoch nicht so weit wie bei dem oben erwähnten Fall auseinander.

Nachdem in den beiden vorigen Abschnitten die allgemeine Verbreitung der Zahnumgestaltung und die spezielle Verbreitung der einzelnen Hauptformen festgestellt worden ist, handelt es sich nun darum, zu untersuchen, ob gewisse Formen in gewissen Gebieten ausschliesslich auftreten oder ob mehrere derselben mit einander gemischt erscheinen.

Wenn wir in dieser Beziehung zunächst wieder nach den Völkerrassen vorgehen, so zeigt es sich, dass bei den Australiern ausschliesslich die Beseitigung der Zähne durch Ausschlagen stattfindet.

Da dieses Merkmal, wie in dem zweiten Abschnitte gezeigt worden ist, fast in dem ganzen bezeichneten Gebiete vorkommt, so darf man den Gebrauch des Zähneausschlagens als einen für diese Rasse charakteristischen hinstellen und ihm eine ethnologische Bedeutung für diesen Fall beimessen.

Bei den australischen Papuanen findet sich die Zuspitzung im südwestlichen Neuguinea und auf Waggen; die einfache Färbung in Kaiser-Wilhelms-Land, auf den Salomonen, auf dem Bismarcks-Archipel, die Beseitigung von Zähnen dagegen auf den Neuen-Hebriden.

Da verschiedene Gebräuche nur vereinzelt auftreten, so kann in diesem Falle von einem ethnologischen Merkmale nicht die Rede sein. Jedenfalls bedarf es noch eingehender Untersuchungen und Beobachtungen, um die Sachlage vollständig klar zu legen, namentlich da die Quelle, welche von Ihering für das Ausschlagen der Zähne auf den Neuen Hebriden anführt, nicht ganz einwandsfrei ist.

Das Vorkommen der Zuspitzung im westlichen Neuguinea kann man wohl auf malayische Einflüsse zurückführen, von der Färbung kann man jedoch recht gut annehmen, dass sie sich infolge des Einflusses des Betelkauens selbständig entwickelt hat.

Innerhalb des Gebietes der asiatischen Papuanen finden wir die Zuspitzung, die Horizontalfeilung, die einfache Färbung, die Farbenfeilungen und das Ausschmücken der Zähne; die Zuspitzung wird nur von den Negritostämmen bestätigt.

Ueber den Umfang und die Bedeutung derselben gehen die Ansichten auseinander. Virchow sieht die Zuspitzung als ein Stammeszeichen der Negrito an, A. B. Meyer dagegen weist auf das vereinzelte Vorkommen hin und spricht ihr die Bedeutung des Stammeszeichens ab, ebenso auch Schadenberg.

Zacken- und Lückenfeilung, sowie Ausziehen der Zähne kommt in diesen Gebieten nicht vor, dagegen ist die Horizontalfeilung resp. die Amputation der Zahnkrone sehr häufig und wird von Ceram, Buru, Letti, Babber, Kei und Arru ausdrücklick bestätigt.

Die einfache Färbung findet sich nur auf den Nikobaren.

Die Farbenfeilung wird sowohl von den Molukken, als von den kleinen Sundainseln bestätigt, während das Ausschmücken der Zähne nur für Timor und Timorlaut (Tenimber) angegeben wird.

Das Charakteristische der asiatischen Papuanen besteht also in Horizontal- und Farbenfeilung.

Bei den Malayen begegnen wir der Zuspitzung, dem Ausschmücken, dem Entfernen der Zähne, der Horizontalfeilung, der einfachen Färbung und der Farbenfeilung; es fehlt also die Zacken- und Lückenfeilung.

Die Zuspitzung wird berichtet von den Batak, den Lebong, aus der Umgebung von Benkulen, von Mentawei, Nias und der Umgebung von Palembang, von Kroë, Lais und Djapara, ferner von Madura, Menado und den Sibnowan (Borneo).

Das Ausbrechen der Zähne wird von den Tonapo, Tobada und Tokulabi auf Celebes, sowie auf Formosa von den Pepos ausgeübt.

Die Horizontalfeilung ist ziemlich allgemein verbreitet. Auf Sumatra z. B. bei den Batak, den Atjehern, und in einigen anderen Gebieten (Manna, Kauer, Seluma, Redjang).

Auf Java bei den Sundanesen und Javanen, auf Madura, auf Celebes bei den Makassaren und auf Borneo bei den Kayan.

Einfache Färbung findet sich bei den Bontok und den Tinguianen auf den Philippinen, sowie auf Formosa.

— Die Farbenfeilung wird ausgeübt von den Batak, den Bewohnern von Atjin, Siak, Pasumah, Payamkombo und

Palembang (Sumatra), von den Javanen und Maduresen, von den Bewohnern von Bali, Amboina und Mindanao.

Das Ausschmücken der Zähne endlich wird von Luzon, von den Batak auf Sumatra, von den Toradja auf Celebes und von den Dajaken Borneos berichtet.

Daraus geht hervor, dass ein allgemein übliches Verfahren nicht ausgeübt wird, ein Stamm hat nur eine Form, ein anderer mehrere, ein dritter wieder andere.

Auch ist die Zahndeformation vielfach nicht allgemeiner Gebrauch bei demselben Stamme. Ihre Ausführung entspringt stets dem Willen des Einzelnen, er hat eine Liebhaberei für ein gewisses Muster und lässt dieses an seinen Zähnen anbringen. Vielfach werden auch Familientraditionen eine grosse Rolle bezüglich der Ausführung der Zahndeformation spielen.

Die Batak zeigen z. B. in der Auswahl der Deformationsformen die grösste Mannigfaltigkeit, indem sie Zuspitzung, Horizontalfeilung, Farbenfeilung und Ausschmücken der Zähne vornehmen.

Ziemlich häufig findet sich die Horizontalfeilung und Farbenfeilung oder beide verbunden. Doch kann auch dieses nicht als ein wirklich durchgehendes Merkmal angesehen werden.

Bei den festländischen Asiaten begegnen wir dem Ausziehen der Zähne (Miao-tse), der Horizontalfeilung (Bahnars, Cedans) und der einfachen Färbung (Birma, Siam, Tonking und Japan).

Für Japan wenigstens ist die Sitte der einfachen Färbung als charakteristisch zu bezeichnen.

In Amerika lassen sich folgende Fälle konstatieren.

Das Zuspitzen wird angegeben bei der Neger- und Indianerbevölkerung von Pernambuko, bei den peruanischen Völkern, bei den an der Trinidadbai wohnenden Kumanakoto, sowie bei den Huazteken und Tolteken.

Bezüglich des Vorkommens der Zuspitzung bei den Indianern in Pernambuko kann man sich wohl der Ansicht Jherings anschliessen, welcher meint, dass die Indianer den Gebrauch von den Negern übernommen haben.

Das Ausziehen der Zähne wird von den Feuerländern und Guankavilkas berichtet, die Horizontalfeilung von den Thlinkit, die einfache Färbung von den Chaymas (Guyana) und das Ausschmücken der Zähne von mehreren Stämmen Mexikos und Centralamerikas, wie den Huazteken und den Tolteken. Es fehlen also in Amerika die Zacken- und Lückenfeilung und die Farbenfeilung, welch' letztere wie wir gesehen haben, bisher ausschliesslich im malayischen Archipel beobachtet wurde.

Als festes Verfahren für die Indianer kann man nur die Ausschmückung der Zähne der Mexikaner und Mittelamerikaner, vorzugsweise in der Vergangenheit feststellen.

Kommen wir endlich zu den Negern in Afrika, so begegnen wir bei diesen 5 Hauptformen, der Zuspitzung, der Zacken- und Lückenfeilung, dem Ausziehen und Verdrängen der Zähne und der Amputation. Letztere findet sich jedoch nur vereinzelt, ebenso wie die einfache Färbung, während das Ausschmücken und die Farbenfeilung der Zähne in Afrika ganz ohne Beispiel sind.

Das Ausziehen der Zähne wird nicht gefunden in Senegambien und am oberen Niger, in allen übrigen Gebieten Afrikas kommt es mehr oder minder stark, vielfach gemischt mit anderen Formen vor.

In folgenden Gebieten ist es nachgewiesen: in Oberguinea, in Aschanti und Togo, in der Umgebung des Tsade, bei den Bai, Sara, Somrao, Tibu, Daza, Baele, sowie in den Gebieten um den weissen Nil bei fast sämtlichen „nilotischen" Stämmen als ausschliessliche Form mit Ausnahme der Njamnjam, Bongo, Kredj (Fertit) und Lendu.

Bei den Stämmen in Niederguinea ist dagegen das Ausreissen der Zähne seltener, es wird nachgewiesen von den Muschikongo und Muserongo, ebenso von den Moluanegern und den Gagern.

Im Kongo- und Sambesigebiet finden wir es als einzige Form bei den Baschilele, Badinga, Bassongo und den Bewohnern von Kalunda, ferner bei den Batoka, Barotse, Mambunda, Basukulombwe und Bakololo.

Die Stämme in Deutsch-Ostafrika haben wohl zur Hälfte die Sitte des Ausbrechens der Zähne. Als einzige Form wird sie beispielsweise bestätigt für Irangi, Usambara, Umbugwe, Ukussu, sowie bei den Wanituru, Wakaguru, Wakamba, Wataita und bei den Stämmen der Kilimandscharoniederung.

Am Njassasee sowie in dem dazu gehörigen Stück der ostafrikanischen Küste kommt das Entfernen der Zähne wieder seltener vor. Als einzige Form wird es berichtet von den Makololo, Maschinga und Balungu, den Bewohnern von Urungu.

Es geht daraus hervor, dass im äussersten Nordwesten des Verbreitungsgebietes der Neger das Ausziehen der Zähne nicht vorkommt, in den anderen Gebieten dagegen mit den Afrika eigentümlichen Formen mehr oder minder gemischt erscheint.

Zacken- und Lückenfeilung und Ausbrechen der Zähne treten manchmal zusammen auf.

Wir begegnen dieser Kombination z. B. bei den Bongo am Nil, den Wanyamwesi, den Djagga, den Massai und den Bewohnern von Iramba in Deutsch-Ostafrika, ferner bei den Ovambo und Ovaherero im südlichen Niederguinea.

Dagegen findet sich höchst selten die Kombination von Spitzfeilung und Ausbrechen der Zähne.

Sicher nachgewiesen ist sie bei den in Centralafrika wohnhaften Apono und den Bali im nördlichen Hinterland von Kamerun, ferner für die Wagueno und Waschamba in Deutsch-Ostafrika.

Nun wäre es noch sehr wichtig, wenn man das örtliche Vorkommen der beiden von mir unterschiedenen Formen, der Zuspitzung einerseits, der Zacken- und Lückenfeilung andererseits genau trennen könnte.

Leider ist das aber nicht in allen Fällen möglich, da in sehr vielen, ja in den meisten Quellen Spitz- und Eckigfeilen der Zähne nicht scharf unterschieden wird.

Ich nenne zuerst die Fälle, bei denen ich diese Unterscheidung sicher machen konnte.

Als einzige Form findet sich die Zuspitzung bei den Mandingo, den Timmaniern, Bullom, den Kru, Golo, Jsere, Njamnjam, Fertit, Lendu, Okande, den Otando, Banda und Waleggavölkern. Ferner bei den Baluba, Bassongo-Mino, Wadsoko, Wabwira, Wane-Myungu, Wawira, Walengola, Wabonyele, Waholi, Walumbi, Wanga, Wakumu, Makololo, Watuta, bei den Makua, Matumboka und Amatonga.

Ferner sind hier zu nennen die heidnischen Bergvölker Adamauas, wie z. B. die Tengelin und die Baiero; im Kamerungebiete die Yaunde-Leute, und die Bayang, im

Togogebiet die Eweneger. Am mittleren Kongo noch die Bateke, Bayansi und Wabari, die Muschinsche am rechten Kuangoufer, die Batoba, zu den Bassongo-Mino gehörig, die Eingeborenen im Süden des Pangani, die Muiza und Manganya im Njassagebiet, wie auch die Tuschilange.

Ueberschaut man das Gebiet der genannten Landschaften und Stämme, so zeigt es sich, dass die einfache Zuspitzung sich über die ganze Verbreitungsfläche der Neger ausdehnt.

In verhältnismässig grösster Häufigkeit findet sich die Zuspitzung im inneren Kongogebiete.

Was die Zacken- und Lückenfeilung anbetrifft, so begegnet man ihr als einziger Form in Dahome, in Togo bei den Kratyileuten, in Kamerun bei den Bakwili, bei den Bewohnern der Loangoküste, den Basanschi zwischen Kongo und Kuango, in Angola bei den Ambuellas, Ganguellas und und Luchazeleuten. Ferner findet sie sich bei den Msagara, in Ukami und Useguha, bei den Wanika, Wassekuma, Wassegora, in Khutu und bei den Wawamba.

Sie tritt als einzige Form nicht so häufig auf wie die einfache Zuspitzung, findet sich aber auch sowohl unter Sudan- wie Bantunegern. Jhering betrachtete die Zacken- und Lückenfeilung in seiner Arbeit noch als eine Eigentümlichkeit der Bantustämme.

Die Horizontalfeilung scheint in Afrika nur ganz vereinzelt vorzukommen, ich konstatierte sie bei den Muschikongo und den Wabuma.

Bei den meisten anderen, früher genannten Stämmen, die hier bei diesem kurzen Ueberblick nicht berücksichtigt sind, ist entweder nicht genau festzustellen, ob sie die einfache Zuspitzung ausüben oder die Lücken- und Zackenfeilung, — oder aber es findet sich bei ihnen neben dem Spitz- und Eckigfeilen der Zähne auch das Ausbrechen derselben.

Diese Zusammenstellung zeigt, dass die Bearbeitungsverhältnisse der Zähne in Afrika noch nicht soweit untersucht und geklärt sind, dass darauf hin ganz scharfe Unterscheidungen gemacht werden können. Vielleicht sind diese in Wirklichkeit gar nicht vorhanden.

Aber ehe man dieses Urteil bedingungslos hinstellen kann, erscheint es doch notwendig, dass alle diese Verhältnisse nach einer einheitlichen Methode und auf gründlichste Weise beobachtet und untersucht werden.

Wenn daher meine Zusammenstellung zu nicht ganz festen Resultaten führte, so liegt das teilweise an der Beschaffenheit des Quellenmaterials, das noch an Lückenhaftigkeit und ungleicher Beobachtungsweise leidet. Aber man muss bedenken, dass die Erforschung derartiger Merkmale und Erscheinungen an den Völkern noch verhältnissmässig jungen Datums ist, und man muss die Hoffnung hegen, dass die Zukunft die vorhandenen Mängel ausgleichen wird.

Gründe und Zwecke der Zahnumgestaltung.

Nachdem wir in den vorhergehenden Abschnitten die verschiedenen Deformationsformen des Gebisses und ihre Verbreitung kennen gelernt haben, muss sich uns am Schlusse unserer Betrachtungen die Frage aufdrängen:

Weshalb und zu welchem Zwecke hat sich die Menschheit solchen Gebräuchen unterworfen?

Die Gründe, welche die Völker zur Befolgung dieser Sitte bewegen, zu definieren, ist jedoch keine leichte Aufgabe. Man kann hier nur Vermutungen aufstellen, geben doch die Erklärungen der Leute, die sich der Deformation unterworfen haben, allzu wenig Anhaltspunkte, zumal da sie vielfach nicht einen, zwei oder drei, sondern, wenn man noch alle eigentümlichen Detailmotivierungen in Betracht zieht, eine sehr grosse Anzahl von Gründen angeben, durch welche sie sich direkt oder nur in dunklen Vorstellungen zur Befolgung der Sitte getrieben fühlen, und eine allgemein gültige Ansicht über den Grund der Verstümmelung in den meisten Fällen nicht besteht. Man ist darum auch nicht berechtigt, eine einzelne, wenn auch vorwiegende Begründung mit Uebergehung der übrigen, als die von ihnen selbst angegebene, als die historisch richtige anzunehmen.

Vielfach ist unter den Völkern der Glaube verbreitet, dass die Verstümmelung der Zähne zur Verschönerung dient, was auch wohl von Jhering bestimmt hat, als Grund für diese Sitte, die Sucht den Körper zu schmücken oder durch besondere Entstellung zu kennzeichnen, anzunehmen.

In vielen Fällen tritt der Gebrauch nicht allgemein auf, er ist vielmehr eine Liebhaberei des Einzelnen oder auch bestimmter Familien: so z. B. in Loango. Wie mir Professor Pechuël-Loesche mittheilte, bekam er auf die Frage, weshalb sie denn ihre Zähne veränderten, von Loangoleuten die Antwort: „Es sieht hübsch aus, es gefällt uns." Manchmal empfiehlt auch der „Nganga-" der Zauberdoktor, der bei der Geburt des Kindes zu Rate gezogen wird, als Gebot, später dem Kinde nach seiner Angabe die Zähne zu feilen. Besonders unter den Malayen gilt die Zahnverstümmelung als ein Verschönerungsmittel. Recht bezeichnend dafür ist z. B. eine von Uhle mitgeteilte malayische Sage, mit welcher man die Entstehung der Sitte auf Celebes erklärt:

„Die Gemahlin eines Königs sah die Liebe ihres Gemahls auf eine jüngere und schönere Nebenbuhlerin abgelenkt. In der Absicht sie zeitlebens zu verunstalten, liess sie ihr die Zähne feilen. Der Erfolg war der gegenteilige, ihre Schönheit um so grösser, die Liebe ihres Gemahls um so verlorener, und so wurde es allgemeine Sitte, die Zähne zu feilen." (250)

Die Annahme, dass für ein Volk eine Sitte, durch welche es seinen Körper verunstaltet, einen ästhetischen Hintergrund hat, liegt gewiss sehr nahe. Der Wunsch, das einförmige Aeussere des Körpers durch allerlei Putz zu verschönern, gehört unbedingt zu den ältesten Regungen des menschlichen Geistes; bei den Kulturvölkern erhält die Kleidung die schmückenden Eigenschaften, während der zahlreiche und zwecklose Putz am Körper mehr und mehr verschwindet, neuerdings auch die Ohrgehänge; das Schönheitsgefühl ändert sich eben mit jeder Stufe höherer Cultur.

Wenn bei Culturvölkern die vollkommene menschliche Gestalt als solche zugleich das höchste Schönheitsideal des Menschen sein muss, so ist die Mehrzahl der Völker von dieser Idee noch weit entfernt. Nicht nur der menschliche Körper selbst wird verunstaltet, auch bei der Nachbildung menschlicher und tierischer Gestalten wird anfangs immer die reine Schönheit dem Auffallenden zum Opfer gebracht.

Es unterliegt wohl keinem Zweifel, dass die ästhetischen Begriffe zunächst ganz von der Gewohnheit des Anblickes abhängen.

Ein Volk, bei dem die Sitte herrscht, die Vorderzähne auszuschlagen, wird nur sehr langsam, vielleicht nie zu der Ueberzeugung gelangen, dass diese Verschönerungen eigentlich grundhässlich sind, es sei dann, dass der Verkehr mit einem andern Volke es zu Vergleichen zwingt.

— Der Glaube, dass alle diese Gebräuche einen rein ästhetischen Hintergrund haben, kann aber nicht befriedigen, er hat nicht die Wahrscheinlichkeit des Ursprünglichen für sich und wird kaum genügen, als Ausgangspunkt aller übrigen, jetzt wirkenden Motive zu gelten.

Ich glaube, dass in den meisten Fällen andere Ursachen vorgelegen haben, als das blosse Streben nach Verschönerung; meist entstammen die Verbesserungen des menschlichen Körpers rein praktischen Beweggründen oder sind durch Zufall veranlasst, wobei nicht ausgeschlossen ist, dass wie schon oben angedeutet, sich später der Schönheitspunkt damit vereinigt hat.

Falsche Vorstellungen von manchen Erscheinungen, die Zweckmässigkeit, der Einfluss der früheren Ernährung und Beschäftigung haben den Anstoss zur Entstehung und Ausführung dieser Sitte gegeben.

Als zweckmässig müssen wir unbedingt die so weit verbreitete Zuspitzung der Zähne, die Nachahmung der Eckzahnform oder der Raubtierzähne ansehen, die im Zweikampfe sicherlich ein nicht zu verachtendes Mittel ist.

Es ist wohl kaum zu bezweifeln, dass diese Deformationsart in Nachahmung tierischer Formen ausgeführt ist, wie auch manche anderen Verunstaltungen des Körpers.

Ranke sagt über diesen Punkt: „Die Naturvölker kennen die mannigfachen Eigenschaften, in welchen die Tiere den Menschen trotz seiner geistigen Ueberlegenheit überragen, vollkommen und wir können uns nicht wundern, wenn sie, wie es ja auch unsre Helden gethan, als Ehrennamen die Namen von Tieren annehmen. Ganze Völkerstämme legen sich den Namen eines Tieres als Volksnamen bei, und mehrfach finden wir mit dieser Sitte die anderen verbunden, sich auch äusserlich dem gewählten tierischen Vorbild möglichst zu nähern. Hierauf beruhen die künstlichen Kopfumformungen, die Haartrachten, Tätowierungen und besonders auch die verschiedene Bearbeitung der Zähne."

Für alle Deformationsformen des Gebisses kann man jedoch schwerlich eine solche Entlehnung aus dem Tierreiche annehmen.

Das gewöhnliche Leben führt mit seiner notwendigen Verrichtung des Essens zur Ausbildung von gewissen Zahnmissbildungen. So habe ich schon bei der Beschreibung der künstlichen Färbung weiter ausgeführt, dass diese höchstwahrscheinlich einer natürlichen, durch den Genuss farbenreicher Pflanzen und Früchte an den Zähnen erzeugten Färbung entsprungen ist. Hiermit habe ich dann die Farbenfeilungen in nahen Zusammenhang gebracht, die sich nur in den Gebieten finden, wo Betel gekaut wird.

Ferner sei erwähnt, dass auf Grund des Einflusses roher, harter, besonders vegetabilischer Nahrung solche Zahnmissbildungen vorkommen, wie die horizontale Abnutzung.

„Ich habe hier unlängst" schreibt Magitôt, (252): „ein Beispiel von totaler Abnutzung der Krone, besonders der Schneidezähne gesehen, das im Hospital von Biskra von einem an einer chronischen Darmkrankheit gestorbenen, ungefähr 40 Jahre alten Araber gewonnen wurde. Dieser Araber, der ein Bettler war, hatte sich nur von Samen und anderen pflanzlichen, ungekochten und harten Nahrungsmitteln ernährt, was mir die Hypothese bestätigt, dass die so häufig an praehistorischen Schädeln bemerkte Abnutzung sicherlich die Folge einer ähnlichen Ernährungsart ist".

Magitôt fährt fort: „Am meisten finden wir nach Mummery diese Abnutzung der Zähne bei den Völkern, die, wie die Aegypter, die Indianer der Nordwestküste Amerikas infolge einer sorglosen Präparation ihrer Nahrungsmittel Sand unter dieselben bringen".

Dieses haben wir auch in unserer Arbeit nachweisen können. Die horizontale Abnutzung, die als ein Kennzeichen von Rassenaltertum gilt, hat man als „praehistorische Usur" bezeichnet.

Heute finden wir diese Veränderung der Zähne bei vielen Völkern absichtlich herbeigeführt.

Hier sei besonders darauf hingewiesen, dass in Amerika die Verkürzung der Zähne bei einigen Stämmen absichtlich herbeigeführt wird, bei anderen dagegen nur das Resultat der Aufnahme roher, besonders sandiger Nahrung ist.

Die Abnutzung der Zähne, die ursprünglich einen rein physiologischen Process darstellte, wurde allmählich bei den betreffenden Völkern eine unentbehrliche Erscheinung, die man, um sie schneller herbeizuführen, schliesslich künstlich erzeugte und als ein Verschönerungsmittel betrachtete, denn die ästhetischen Begriffe hängen zunächst ganz von der Gewohnheit des Anblickes ab.

Ich stehe deshalb nicht an, diese Deformationsform in einen unmittelbaren Zusammenhang mit einer früheren, in einzelnen Fällen vielleicht in eine hypothetische Vorzeit zurückgeführte rohe oder vegetabilische Ernährungsweise zu bringen. Auch das Ausbrechen von mehreren Zähnen dürfte hiermit in Verbindung stehen; Virchow deutet bei der Beschreibung des Batoka- und Dinkagebisses (vergl. Seite 64 der Arbeit) darauf hin.

Der künstliche Prognathismus scheint ebenfalls als Nachahmung des natürlichen entstanden zu sein, und vielleicht hängt dieser mit der frühzeitigen Aufnahme roher Fleisch- oder vegetabilischen Nahrung zusammen. Hier mag folgende Notiz von Joseph Thomson die Möglichkeit dieser Annahme bestätigen: „Als das Massaikind über seiner Mutter Milch hinaus war, übte es seine hervorbrechenden Zähne an einem grossen Klumpen Rindfleisch. Freilich war dies eine sehr tadelnswerte Neigung unseres jungen Freundes, denn sie ist jedenfalls an jener hässlichen Stellung der Zähne schuld, welche er mit seinen übrigen Stammesgenossen gemein hat. Da das Zahnfleisch noch zart, das Rindfleisch aber zähe war, so nehmen die Zähne eine Stellung nach aussen an, welche nicht hübsch aussieht und, was noch schlimmer ist, sie von einander zu trennen scheint, bis sie wie vereinzelte Fangzähne aussehen." (253)

Wir wissen nun aber, dass den Massai dieser Anblick ausserordentlich gefällt und dass sie bestrebt sind, die oberen Schneidezähne, ja manchmal den ganzen Zwischenkiefer, horizontal vorzudrängen.

Das Ausschmücken der Zähne mit Metall oder Stein halte ich für eine erst später entstandene Sitte, die lediglich den Zweck hat, der Schönheit zu dienen.

Die in Afrika sich findende Zacken- und Lückenteilung scheint auf einer unrichtigen Vorstellung von Tod oder Krankheit zu beruhen, wenigstens nach den Ausführungen des Missionars Brinker, der hierüber folgendes berichtet (254): „Die Bantustämme, die westlichen fast alle, haben die Sitte, bei einem gewissen Alter und unter gewissen Ceremonien die mittleren zwei Schneidezähne, wie bei den Ovaherero in Form von $\wedge$ in der oberen Zahnreihe und bei den Ovambo von $\vee$ in der unteren Zahnreihe austeilen zu lassen."

Der Akt des Ausfeilens der betreffenden zwei Schneidezähne wird in Otji-herero durch „oku-h'a (-oku-hia, Passiv oku-hiua)", in Oschindonga durch „oku-kulua", in Umbunde durch „oku-péjeka-" „Oeffnung machen", bezeichnet. Die dadurch entstandene Lücke ∧ heisst in Otji „oruvara- farbiger Flecken oder auch Ansehen, etwa Macht"; in Oschindonga ∨ „Oscheelo-Thür"; in Oschikuanjama- „Oschivalakifi- Oschivala-Flecken, e kifi der Ursache des Todes."

Oschivalakifi, der Name der gemachten Zahnlücke ist also zu geben mit „Wahrzeichen des Ursächers des Todes", weil nach älteren Mythen der Bantu diese den Tod als durch die Zähne in den Menschen hineingegangen sich gedacht haben."

„Auch alte Ovaherero nannten nach Brincker ihre Zahnlücke Oru vara ruomusisi, was ganz gleichbedeutend ist mit Ochivalakifi."

„Die Sage bezüglich der bezeichneten Zahnlücken heisst bei den Ovambo so: „In die obere Lücke ∧ wie bei den Aaschimba-Ovaherero ging ‚Omusisi-princeps mortis' hinein, kam aber nicht wieder heraus, weil die Aaschimba (Unglücklichen) keine Oschéelo unten haben.

„Deshalb sind die Ovambo schlauer gewesen und haben das Oschéelo unten gemacht, damit der Feind auch herausgehen kann; sie sind daher „Aujamba" = Glückliche". Hier haben also Sprach- und Wortelemente, die diese Sitte sprachlich ausdrücken, zur Entdeckung des mythischen Hintergrundes geführt.

Die einzelnen Handlungen, die in der Vorzeit allmählich aus Gefallsucht, der Zweckmässigkeit, der Lebensweise oder auch falschen Vorstellungen entstanden sind, werden im Laufe der Zeit eine allgemeine Gewohnheit, über deren Bedeutung die Naturmenschen keinen genügenden Aufschluss mehr geben können.

Die Verbesserungen des menschlichen Körpers gewannen an Bedeutung, als man mit ihnen nicht nur den Neid der Stammesgenossen und die Zuneigung des anderen Geschlechtes erregen wollte, sondern sich gewöhnte, sie als Abzeichen der Person, des Ranges und des Stammes zu betrachten.

So wurde das formelle Gebahren bei diesen Handlungen allmählich conventionell, und eine Abweichung von dem altehrwürdigen Gebrauche gilt schliesslich für eine unstatthafte Vernachlässigung. So wurden diese Verunstaltungen in vielen Fällen Abzeichen des Stammes; und wenn wir heute die

Deformation der Zähne als einen häufigen Pubertätsgebrauch antreffen, so bringe ich das hiermit in einen engen Zusammenhang:

Die Jünglinge und Jungfrauen werden bei der Mannbarkeitserklärung der Familie entrissen, sie werden in die Gemeinschaft des Stammes aufgenommen und müssen sich auch demgemäss dem Abzeichen ihres Stammes unterwerfen. Wenn nun eine Sitte wie die Zahndeformierung sich bei einem Volke allgemein festgesetzt hatte, so kam es wohl vor, dass ein Religions- oder Gesetzgeber dem allgemein herrschenden Brauche die Bedeutung einer religiösen Handlung gab, und dass der Akt hierdurch schnell den Charakter eines bloss conventionellen Gebrauches völlig verlor.

Bei vielen Völkern wird die Zahndeformierung manchmal, ohne dass sie es wissen, unter Erfüllung einer religiösen Verpflichtung geübt, andererseits gilt sie nur als verdienstlich, nicht als notwendig.

Vielfach findet man bei den Naturmenschen die Ueberzeugung, dass jemand, dessen Zähne nicht deformiert sind, die Götter beleidige, dass er ferner so den grössten Gefahren während des Lebens ausgesetzt ist, (ich erinnere hier nur an die Vorstellung, die die Macquarie-Stämme Australiens sich über das Ausschlagen der Zähne machen S. 53), oder nach seinem Tode zu den grössten Martern verurteilt wird.

Dieses stark religiöse Gepräge hat die Sitte z. B. auch in dem hinduischen Bali.

Jakobs (255) berichtet hierüber: „Man legt auf den gottesdienstlichen Akt der Zahnfeilung besonders darum viel Gewicht, weil man überzeugt ist, dass jemand, dessen Zähne nicht gefeilt sind, nach dem Tode durch anhaltendes Beissen auf hartes Holz gemartert wird."

Wenn solche Bräuche eine religiöse Bedeutung haben, so gewinnen sie zum Teil den mystischen Wert von Opfern, welche man den höheren Wesen als Dank, als Demütigung oder Sühne darbringt.

Die Eingeborenen der Sandwichs-Inseln opfern, wie schon oben erwähnt, ihrem Gotte Eatoa, um ihn zu versöhnen, ihre Vorderzähne, um ihm so die Achtung kund zu geben, die sie vor ihm haben.

Als nichts anderes als eine Sühne oder eine Demütigung ist die Deformierung der Zähne bei Trauerfällen anzusehen.

Da nämlich nach der Ansicht der Wilden irgend einer am natürlichen Tode schuld sein muss, so haben die Verwandten nicht nur die Pflicht, die Verstorbenen zu rächen, sondern es ist nach ihrer Logik gar nicht ausgeschlossen, dass sie selbst unbewusst den Tod herbeigeführt haben, obschon letztere Idee wohl erst aus der Unmöglichkeit, Rache zu nehmen und dem lebhaften Gefühl der Verpflichtung dazu, hervorgegangen sein mag. Kurz, sie werden von ihren Mitmenschen als eine Art Sündenböcke betrachtet und fühlen sich selbst belastet, was sie durch Selbstverwundung, Ablegen allen Schmuckes und allerhand Demütigung vor dem Toten zum Ausdruck bringen.

Bei der Ausübung der Zahndeformierung heutzutage scheint es, soweit nicht die Vorstellung durch rein religiöse Beweggründe verdrängt oder beschränkt ist, allgemeine Anschauung zu sein, dass die Verunstaltung eine allgemeine Gewohnheit des Schmuckes, ein Stammeszeichen, Pubertäts- oder Hochzeitsgebrauch oder schliesslich ein Zeichen der Demütigung bei Unglücks- und Trauerfällen gilt.

Zum Schlusse sei noch erwähnt, dass mir für die ethnologische Bedeutung der Sitte die Beantwortung einer Frage besonders wichtig und aufklärend erscheint, die leider in den Berichten der Reisenden sehr selten erörtert wird. Es handelt sich hier um die die Deformation ausführenden Personen.

Die Art und die Stellung dieser Leute muss uns in vielen Fällen darüber aufklären, welchen Wert dieser oder jener Stamm der Verunstaltung beilegt.

Die Ausführung ist entweder in keiner Weise berufsmässig geregelt; die Leute, die sich der Prozedur unterwerfen, können sich an jeden wenden, der ihnen persönlich beliebt; die Zähne verunstaltet, wer es kann oder wir finden als höchste Stufe kultureller Entwicklung herumziehende berufsmässige Zahnfeiler, welche ihre Anwesenheit ausrufen und die Zahndeformierung zu einem Geschäft machen. Dieses Geschäft ist verschiedentlich mit anderen verbunden, z. B. mit dem der Schmiede oder mit dem des Beschneiders oder es sind Aerzte, die das Geschäft ausführen, dass in diesem Falle vielfach einen schamanistischen Beigeschmack gewinnt.

Auch Priester sind in vielen Fällen die ausführenden Personen, manchmal auch nehmen die Eltern, bei den Massai z. B. der Vater, die Deformation an ihren Kindern vor.

Dagegen finden wir auch die Zahndeformierung unter Aufsicht der Gemeinde vollführt; sie wird bei jedem der Mitglieder von bestimmten Personen zu einer bestimmten Zeit ausgeführt, z. B. in Australien. Wo die Zahndeformierung durch beliebige Leute, die sich zufällig auf dieses Geschäft verstehen oder es sogar gewerbsmässig betreiben, ausgeführt wird, scheint mir die Sitte mehr profane Beweggründe zu haben; die Ausführung durch Priester oder Schamanen oder unter strenger Verwaltung der Gemeinde deutet jedoch auf eine religiöse Vorstellung hin.

Litteraturverzeichnis.

Seite der Arbeit

1. Tylor, Urgeschichte der Menschheit p. 161 resp. Oskar Peschel, Völkerkunde, Leipzig 1877 p. 25 1
2. Livingstone, Zambesi p. 149 1
3. Barrow, Arctic voyages p. 30 1
4. Waitz (Gerland), Anthropologie B. VI p. 749 Leipzig 1872 . 1
5. Vergl. Ratzel, Grundzüge der Völkerkunde, Meyers Volksbücher. Leipzig u. Wien p. 21 2
6. Gauthier, vergl. Ratzel, Völkerkunde, Leipzig Wien 1894. B. I p. 96 2
7. A. v. Humboldt, Reisen in d. Aequinoctialgegenden B. III. p. 92 2
8. Ratzel, Völkerkunde. B. I. p. 89 2
9. Vergl Linderer, Zahnheilkunde, Erlangen 1851 p. 346 . . . 3 u. 4
9a. Deutschland und seine Kolonien. Amtlicher Bericht über die erste deutsche Kolonialausstellung von Graf v. Schweinitz, C. v. Beck u. F. Imberg. Berlin 1897 p. 255 f. 5
10. Dr. Wolff, Mitteilungen der afrikanischen Gesellschaft in Deutschland B. IV. p. 365 5
11. Die Loango-Expedition. Ein Reisewerk in 3 Abteilungen v. Paul Gussfeldt, Julius Falkenstein u. Eduard Pechuël-Loesche. Leipzig 1879. B. II. p. 37 5
12. Soyaux, Aus Westafrika, Leipzig 1879 p. 150 6
13 Senfft, Mitt. aus d. deutschen Schutzgebieten (dem Schutzgebiete der Marschallinseln) 1896. B IX. p. 104 6
13a. Wilhelm Geiger, Ceylon Wiesbaden 1898 p. 38 6
14. Soyaux. Aus Westafrika. Leipzig 1879 p. 95 6
15. Hugo Zöller, Forschungsreisen in den deutschen Kolonien. B. II. 7 p. 88 6
16. Dr. Ernst. Henrici. Das deutsche Togogebiet und meine Afrikareise 1887 p. 50 Leipzig 1888 6
17. Allgemeine Historie der Reisen zu Wasser und zu Land oder Sammlung aller Reisebeschreibungen. Leipzig 1749 B. IV. p. 113 7
18. Dr. Oskar Lenz, Timbuktu, Reise durch Marokko, die Sahara und den Sudan. Leipzig 1884. B. II. p. 29 7
19. Schellong, Zeitschrift für Ethnologie (1891). B. 23 p. 185 . 7

	Seite der Arbeit
20. H. H. Johnston, Der Kilimandscharo. Leipzig 1886 p. 388	7
20a. Vergl. Dr. Max Bartels, Die Medizin der Naturvölker. Leipzig 1893 p. 276f.	8
20b. Bentley, Dictionary and Gramm. of tho Kongo-Language p. 223. London 1887	8
21. Darwin, Die Abstammung des Menschen. Deutsch nach der letzten englischen Ausgabe von Georg Gärtner. Halle p. 742	9
22. Vergl. Ploss, Das Kind II. p. 154 u. 155 Stuttgart 1876	10
23. Lieutnant Storch. Sitten und Gebräuche bei den Usambaras. Mitteil. aus deutschen Schutzgebieten 1895 B. VIII. p. 311	10
24. A. Bastian. Ein Besuch in San Salvador. Bremen 1859 p. 197	11
25. Ploss, Das Kind II. p. 154ff.	11
26. Gerland, Atlas der Völkerkunde, Gotha, Justus Perthes 1892	13
27. Prof. Rich. Semon, Im australischen Busch. Leipzig 1896 p. 253	13
28. Dr. Max. Uhle, Ueber die ethnologische Bedeutung der malayischen Zahnfeilung. Berlin 1887. p. 5	13
29. Prof. Sievers, Australien u. Ozeanien. Leipzig, Wien 1895 p. 291	13
29a. M. Eckart, Der Archipel der Neu-Hebriden. Verhandl. d. Vereins f. naturw. Unters. in Hamburg 1877. B. IV. p. 17	13
30. Berl. Ges. f. A. E. U. 1889 p. 129ff.	14
31. W. Kückenthal, Im malayischen Archipel. Frankfurt am Main 1895	14
32. Prof. Meinicke, Die Inseln des Stillen Ozeans. Leipzig 1875 p. 370	15
33. Prof. W. Sievers, Australien u. Ozeanien. Leipzig-Wien 1895. p. 312	15
34. Vierteljahrsschrift für Zahnheilkunde 1883. B. I. p. 75	15
35. v. Ihering, Die künstliche Deformation des Gebisses. Zeitschrift für Ethnologie B XIV. p. 254	15
Uhle, Ueber die ethnologische Bedeutung der malayischen Zahnfeilung. Berlin 1887. p. 4	
36. Waitz, Anthropologie. B. III. p. 373	16
37. Ratzel, Völkerkunde. B. I. p. 521. Leipzig. Wien 1897	16
38. v. Ihering. Die künstliche Deformation des Gebisses. Zeitschrift f. Ethnolog. B. XIV. p. 233	21
39. E. Zintgraff, Das deutsche Schutzgebiet Kamerun. Berlin 1895 p. 208	21
40. Prof. R. Semon. Im australischen Busch. Leipzig 1896	22
41. Vergl. Waitz. Anthropologie. B. VI. p. 570	22
42. Uhle. Ueber die ethnologische Bedeutung der malayischen Zahnfeilung. Berlin 1887. p 5	22
43. Virchow in: Jagors Reisen in den Philippinen 1873. p. 374	22
44. Thévenot. Relat. de div. voyages Curieux. Paris 1669. p. 22	23
45. Semper. Die Jalau-Inseln p. 364	23
46. A. Schadenberg. Zeitschrift für Ethnolog. 1880. p. 136	23
47. Ploss, Das Kind. II. p. 264	23
48. Vergl. Uhle, Seite 10.	23
49. Waitz, Anthropologie V. 1. p. 93	24

	Seite der Arbeit
50. v. Rosenberg, Tijdschr. v. ind. taal-land-en volkenk. 1853. I. p. 410	24
51. H. Keppel, Expedition to Borneo I. p. 59	24
52. v. Ihering, p. 250 der schon oben mehrfach erwähnten Arbeit	24
53. „ „ p. 260	25
54. Hamy, Mutilations dentaires aux Mexiques et Huastêques. Bulletin d'Anthrop, de Paris 1882. p. 670ff.	25
55. Sahagun, Histoire générale des choses de la nouvelle Espagne. Paris 1880 liv: X. chap. XXXII § 8	25
56. Hamy, Mutilations dentaires des Huastêques modernes im Bulletin d'Anthrop. de Paris 1883	26
57. Zeitschr. für Ethnol. Berlin B. 13. p. 33	27
57a. Bankroft, The native Races of the Pacific States. London 1875. p. 731	27
58. Jagor, vergl. Ranke, Der Mensch. Leipzig, Wien 1894. B. I. 92—93	27
59. Globus 1874. p. 323	29
60. Winterbottoms Nachrichten von der Sierra-Leone-Küste, Weimar 1865 (als Band 23) von Sprengels Bibliothek der Reisebeschreibungen	29
61. Schlagintweit. Zur Charakteristik der Kruneger. Sitzungsber. d. Kgl. B. Akademie d. W. 2. Cl. 1875 p. 191	29
62. Berchon, Documents sur Sénégal. Bull. de la Soc. d'Anthrop. I. Paris 1860 p. 523 u. 524	30
63. v. Ihering, p. 220	30
64. Vergl. Zeitschr. f. Ethn. Berlin B. XIV. p. 220	30
65. Dr. Siegfried Passarge, Adamaua. T. I. p. 92. Berlin 1895	30
66. Zintgraff, Mitt. aus deutschen Schutzgebieten. B. I. p. 193. 1888	31
66a. Vergl. Deutschland und seine Kolonien im Jahre 1896. Amtlicher Bericht über die erste deutsche Kolonialausstellung von Graf v. Schweinitz, C. v. Beck u. F. Imberg (Bericht über die Dualla und Batauga). Berlin 1897	31
66b. Paul Pogge, Im Reiche des Muata-Jamwo. Berlin 1880. p. 237	31
67. Zintgraff, Mitt. aus deutschen Schutzgebieten. B. I. p. 194. 1888	31
68. Hugo Zöller. Forschungsreisen in der deutschen Kolonie Kamerun III. 7. p. 95	31
69. G. Zenker, Mitt. aus deutschen Schutzgebieten. B. IV. p. 143 1891	31
70. Premierlieutnant Morgen, Durch Kamerun von Süd nach Nord. Leipzig 1893. p. 43	32
71. Grazilhier, Sammlung aller Reisebeschreibungen, durch eine Gesellschaft gelehrter Männer zusammengetragen. Leipzig 1749. B. IV. p. 491	32
72. Pogge, Mitt. der afrikanischen Ges. in Deutschland 1881-1883 B. III. p. 69	32
73. Dr. Ernst Henrici. Das deutsche Togogebiet und meine Afrikareise 1887. p. 48. Leipzig 1888	32
74. Schweinfurth, Im Herzen von Afrika. B II. p. 6 Leipz. 1874	32

		Seite der Arbeit.
75.	Schweinfurth. Ergebnisse einer Reise nach Dar Fertit. Petermanns Mitt. B. 18. p. 284. 1872	32
76.	A. Ecker, Schädel nordostafrikanischer Völker. Abhandlung d. Senkenbergschen naturw. Ges. Frankf. a./M. 1866. p. 5, 6,16.	32
77.	Zintgraff. V. B. G. f. A. E. U. XVIII. p. 34	33
78.	Mense, V. B. G. f. A. E. U. XIX. p. 264 ff.	33
79.	Du Chaillu, Equatorial-Afrika p. 74 und Aschangoland p. 431.	33
80.	„Ausland". 1867 p. 341.	33
81.	Marche, Trois voyages dans l'Afrique occidentale Paris 1879. Vergl. Aus allen Weltteilen. Jahrgang 11. Oktober 1879, p. 22.	34
82.	Nachtigal, Zeitsch. der Ges. für Erdkunde. Berlin 1875 p. 115	34
83.	Stuhlmann, Mit Emin Pascha ins Herz von Afrika. p. 598. Berlin 1894.	34
84.	Stuhlmann, Mit Emin Pascha ins Herz von Afrika. p. 387.	34
85.	„ „ „ „ „ „ „ „ p. 393.	35
86.	„ „ „ „ „ „ „ „ p. 426. und 307.	35
87.	Stuhlmann, Mitt. aus deutschen Schutzgebieten 1892. B. V. p. 103.	35
88. 89.	Im Innern Afrikas. Die Erforschung des Kassai. Von Hermann Wissmann, Ludwig Wolf. Kurt v. Francois und Hans Mueller. p. 361. — p. 164. Leipzig 1888.	36
90.	Wissmann, Unter deutscher Flagge quer durch Afrika. p. 116. Berlin 1889.	36
91.	Stabsarzt Ludwig Wolf, Zeitschrift für Ethnol. Berlin B. VII. p. 41.	36
92.	Vergl. die Arbeit Jherings. p. 224.	37
92a.	„ „ „ „ p. 228.	37
93.	Holub, Mitt. der Wiener geogr. Ges. 1879 p. 152.	37
94.	Waitz, Anthropologie der Naturvölker II. Teil 1860. p. 367.	37
95.	V. B. G. f. A. E. U. XVI. p 609.	37
96.	Joest, V. B. G. f. A. E. U. XVII. p. 485.	37
97.	Letzte Reise von Livingstone in Central-Afrika. 1875. p. 72.	37
98.	Mitt. der afrikanischen Ges. in Deutschland. B. III. 81-83. p. 9.	37
99.	Höhnel, Zum Rudolf- und Stephani-See. p. 803. Wien 1892.	37
100.	Ugogo. Das Land und seine Leute von Lieutnant Herrmann. Mitt. von Forschungsreisenden aus d. deutschen Schutzgebiete. B. V. 1892. p. 194.	38
101.	Höhnel. Zum Rudolf- und Stephani-See. p. 83. Wien 1892.	38
102.	Joseph Thomson. Expedition nach den Seeen von Central-Afrika. Jena 1886. p. 229.	38
103.	Joseph Thomson. Durch Massailand. p. 80. Leipzig 1885.	38
104.	Johnston, Der Kilimandscharo. p. 404. Leipzig 1886.	38
105.	Dr. Hans Meyer, Ostafrikanische Gletscherfahrten. B. 1. p. 193. Leipzig 1890.	38
106.	Ratzel. Völkerkunde. 1886. II. 395.	39
107.	Schweinfurth. Im Herzen von Afrika. Leipzig 1874. B. I. p. 95.	41
108.	Stuhlmann. Mit Emin Pascha ins Herz von Afrika. Berlin 1894.	41
109.	Speke, Entdeckung der Nilquellen. B. I. p. 168.	42

— 119 —

Seite der Arbeit

109a. Paul Reichard, Deutsch-Ostafrika. Leipzig 1892. p. 353 f. 42
110. Vergl. Ihorings Arbeit. p. 227. 42
111. Virchows Bericht über die Wadschagga. V. B. G. f. A. E. U. 1889. p. 506 ff. 42
112. Paul Reichard, Deutsch-Ostafrika. Das Land und seine Bewohner. p. 212 und 213. Leipzig 1892. 42
113. H. Johnston, Der Kilimandscharo. Leipzig 1886. p. 388. 42
114 Baumann, Durch Massailand zur Nilquelle. Berlin 1894. p. 167. 43
115. Antonio Cecchi, Fünf Jahre in Ostafrika. p. 31. Leipzig 1888. 43
116. Brincker, Globus. 1895. Braunschweig. p. 289. 43
117. Fritsch, Die Eingeborenen Südafrikas. Breslau 1872 p. 235 und 237. 44
118. Dr. Hanz Schinz, Deutsch- Süd-Westafrika. Oldenburg. — Leipzig. p. 196 ff. 44
118a. Lichtenstein, Reisen im südlichen Afrika in den Jahren 1803 bis 1806. B. I. Berlin 1811. p. 111 f. 45
118b. Völkerkunde von Dr. Heinrich Schurtz. Leipzig 1893. p. 171. 46
119. Falkenstein, Zeitschr. für Ethnol. Berlin B. IX. p. 168. 46
120. Loango-Expedition. Leipzig 1879. p. 198. 47
121. Chavanne, Reise und Forschung im alten und neuen Congost. p. 384. Jena 1887. 47
122. Bastian, Die deutsche Expedition an der Loangoküste. Jena 1874. I. p. 185. 47
123. Dr. med. Willy Wolff, Eine Forschungsreise in Westafrika. 48
124. Wissmann, Im Innern Afrikas. Die Erforschung des Kassai. p. 388. 48
125. Hess, Mutilation aux sauvages. L'odontologie Paris. Jan. 1897. 48
126. Serpa Pintos, Reise quer durch Afrika. Leipzig 1881. B. I. p. 192. 48
127. Hermann Soyaux, Aus Westafrika. Leipzig 1879. p. 58. 49
128. Klose, Mitt. aus deutschen Schutzgebieten. B. 9. 1896. p. 200 49
129. Virchows Bericht über die Kebuhleute. V. B. G. f. A. E. U. 1889. p. 768. 49
130. Dr. Preuss, Mitt. a. d. deutschen Schutzgebiete Kamerun. 1891. B. IV. p. 132. 49
130a. Vergl. den Bericht über die Togoleute. Deutschland und seine Kolonien im Jahre 1896. Herausgegeben v. Graf v. Schweinitz, C. v. Beck und F. Imberg. Berlin 1897. 51
131. Ratzel, Völkerkunde. B. I. p. 348. 51
132 E. Jung, Land u. Leute im Seeengebiete Australiens. Aus allen Weltteilen. 8. Jahrgang. 1877. p. 355. 52
133. Ploss, Das Kind. II. p. 413. 53
134. Waitz, Anthropologie. B. VI. p. 785. 53
135. Collins (Account of the colony in New-South-Wales), London 1798. 54
136 Waitz, Anthropologie. B. VI. p. 813. 54
137. Prof. Semon, Im australischen Busch. Leipzig 1896. p. 813. 54
138. Eckart, Der Archipel der Neu-Hebriden. Verh. d. Ver. f. naturw. Unters. Hamburg 1877. B. IV. p. 17. 54
139 Linderer, Zahnheilkunde. p. 347 u. 348. Erlangen 1851. 54

		Seite der Arbeit.
140.	William Ellis, Brauns ethnol. Archiv. B. XXXIV. p. 300.	54
141.	Prof. Meinicke, Die Inseln des Stillen Oceans. Leipzig 1875. p. 301.	55
142.	Dr. Adolf Marcuse, Die Hawaischen Inseln. Berlin 1894.	55
143.	Graf Reinhold Anrep-Elmpt. Die Sandwichsinseln oder das Inselreich von Hawai. Leipzig 1885.	55
144.	Iherings Arbeit 255.	55
145	Waitz, Anthropologie. B. V. II. p. 169.	55
146.	Vierteljahrsschrift für Zahnheilkunde 1883. I. p. 75.	55
147.	Riedel, Bijdr. tot. de taal-land-en volkenk. 1886. V. I. p. 92.	55
148.	Joest, V. B. G. f. A. E. U. 1862. p. 58.	55
149.	Mitt. der Geogr. Ges. Lübeck 1883. p. 75.	55
150	Ploss, Das Kind. B. II. p. 264. Stuttgart 1876.	56
151.	Iherings Arbeit p. 261.	56
152.	Ratzel, Völkerkunde. B. I. p. 521.	56
153.	J. S. Hutchinson, Vierteljahrsschrift f. Zahnheilkunde. 1878. B. III. p. 73.	56
154.	Zeitschr. f. Ethnol. Berlin XXIV. p. 465.	56
155.	Zintgraff, Das deutsche Schutzgebiet Kamerun. Berlin 1895. p, 208.	56
156.	Nachtigal, Zeitschr. der Ges. für Erdkunde z. Berlin. 1873. B. VIII. p. 319.	56
157.	Schweinfurth, Im Herzen von Afrika. Leipzig 1874. p. 320.	57
158.	E. Marno, Reisen im Gebiete des blauen u. weissen Nil, im ägyptischen Sudan und den angrenzenden Negerländern. Wien 1874. p. 345.	57
159.	Casati, Zehn Jahre in Aequatoria. B. I. p. 40. Bamberg 1891.	57
160.	Schweinfurth, Im Herzen von Afrika. Leipzig 1874. p. 162.	57
161.	Virchows Bericht über die Dinka. V. B. G. f. A. E. U. 1895. p. 155 ff.	57
162.	Simon, V. B. G. f. A. E. U. 1895. p. 653.	58
163	Stuhlmann, Mit Emin ins Herz von Afrika. p. 325, 433.	58
164.	Dr. Wilhelm Junker, Reisen in Afrika 1875—1886. B. I. p. 285. Wien 1889.	59
165.	Emin Pascha über die Bari. Zeitschr. f. Ethnol. B. XVIII. p. 150.	59
166.	Junker, Reisen in Afrika 1875—1886. B. I. p. 365.	59
167.	Schweinfurth, Im Herzen von Afrika. Leipz. 1874. p. 162 u. 163.	59
168.	Waitz, Anthropologie der Naturvölker. II. p. 490.	60
169.	Linderer, Zahnheilkunde. p. 345. Erlangen 1851.	60
170.	Stuhlmann, Mit Emin Pascha ins Herz v. Afrika. p. 842.	60
171.	Speke, Entdeckung der Nilquellen B. I. p. 108.	60
172.	Baumann. D. Massailand zur Nilquelle. p. 159. Berlin 1894.	60
173.	Zeitschr. f. Ethnolog. B. VII. p. 41.	60
174.	L. R. v. Höhnel, Zum Rudolf- u. Stephani-See. p. 270.	60
174a.	Vergl. Bericht über die Massai. Deutschl. u. seine Kolonien im Jahre 1896. Berlin 1897. p. 232 ff.	62
175.	Mitt. der Afrik. Ges. Berlin III. 81—83. p. 9.	63
176.	H. H. Johnston, Der Kilimandscharo. Leipzig 1866. p. 70.	63
177.	Dr. Hans Meyer, Ostafrikanische Gletscherfahrten. B. I. p. 98.	63

— 121 —

		Seite der Arbeit
178.	Joseph Thomson, Expedition nach den Seeen von Central-Afrika. II. Teil p. 161.	63
179.	Schweinfurth, Im Herzen von Afrika. Leipzig 1874. p. 163.	64
180.	Virchow über die Dinka. V. B. G. f. A. E. U. 1895. p. 157.	64
181.	Dr. Emil Holub, Eine Kulturskizze des Marutse-Mambundareiches. Wien 1879. p. 56 f.	64
182	Dr. Emil Holub, Sieben Jahre in Südafrika. B. II. p. 294. Wien 1881.	65
183.	Wolfs Bericht über das Land der Bakuba. Im Innern Afrikas. (Wissmann, Wolf, Mueller, Francois). p. 242.	65
184.	Wissmann, Unter deutscher Flagge quer durch Afrika von West nach Ost. p. 119.	65
185.	C. J. Andersson, Reisen in Südwest-Afrika bis zum See Ngami. Leipzig 1858. p. 210 und 252.	66
186.	Pogge, Correspondenzblatt der afrikanischen Ges. B. II. 1877—78.	66
187.	Abbé Proyart, Geschichte v. Loango, Kakongo. Leipzig 1777. p. 296.	66
188.	Waitz, Anthropologie. B. II p 355.	67
189.	Zeitschr. für Ethnol. B. XVII. 724.	67
190.	Stublmann, Mit Emin Pascha ins Herz von Afrika. p. 433.	67
191.	Baumann, Massailand. p. 173.	67
191a.	Rüdinger. Ueber künstlich def. Schädel von Südseeinsulanern. Abs. d. Kgl. B. Akad. d. W. der math. physik. A. München 1888. B. 16. p. 388.	69
192.	V. B. G. f. A. E. U. 1889. p. 168 ff.	70
193.	Vergl. V. B. G. f. A. E. U. 1889. p. 168, 136 ff und 129 ff.	71
194.	V. B. G. f. A. E. U. 1889. p. 136 ff.	72
195.	Uhles Arbeit. p. 9.	72
196.	Kreemer, Ausland. 1883. p. 403.	72
197.	Riedel, Sluik- en kroeshar- rassen. 1886. p. 137, 177, 286, 336 und 371.	72
198.	Brenner, Unter den Kannibalen Sumatras. p. 192.	72
199.	Anthropol. Ges. Wien. B 7. p. 7 und 8.	72
200.	Sprengels Beiträge zur Völker- und Länderkunde. Leipzig 1786. VI. Teil p. 205.	73
201.	Waitz, Anthropologie der Naturvölker 1865. B. X, I. p. 131	73
202.	W. Kückenthal, Im malayischen Archipel p. 274	73
203.	A. Morice, Notes sur les Bahnars, Revue d'Anthrop. II. Ser. Tome I. 1878. p 627	73
204.	Riedel. Bijdr. tot de taal-land-en volkenk 1885 4. V. X 405	73
204a.	Vergl. Bankroft, The native Races of the Pacific-States Vol. I. London 1875 p. 46. Vol. I. p. 163, 622, 651	76
205.	Hamy, Les mutilations dentaires aux Mexiques et Huastèques Bulletin d'Anthrop. de Paris 1882. p. 670 ff.	76
206.	Vergl. G Vancouvre, Voyage de découvertes à l'océan Pacifique du Nord et autour de monde Paris VIII. II. p. 248	76
207.	Pelitot, Monographie des Esquimaux Thlinkits du Mackenzie vergl. Bull. d'Anthrop. des Paris 1882. p. 670 ff.	76
208.	Zintgraff, V. B. G. f. A. E. U. XVIII. p. 34	76

	Seite der Arbeit.
209. Mense, V. B. G. f. A. E. U. XIX. 264 ff.	76
209a. Rüdinger: Ueber die willkürlichen Verunstaltungen des menschlichen Körpers. Samml. gemeinverständlicher wissenschaftlicher Vorträge. Heft 215 Berlin 1875. p. 13.	77
210. V. B. G. f. A. E U. 1889. p. 150.	78
211. Sprengels Beiträge zur Völker- und Länderkunde. VI. Teil. Leipzig 1786. p. 205.	78
212 A. S. Bickmore, Reisen im ostindischen Archipel 1865—1866 Deutsch von Martin. Jena 1869. p. 205.	78
213. Leunis. Botanik p. 889.	80
214. Professor Selenka, Sonnige Welten. p. 293. Wiesbaden 1896	81
215. V. B. G. f. A. E. U. B. XIII. p. 218.	83
216. V. B. G. f. A. E. U. B. XIII. p. 66.	83
217. Maclay. V. B. G. f. A. E. U, 1876. p. 200.	84
218. Prof. Dr. Wilhelm Sievers. Australien und Ozeanien. Leipzig, Wien 1895. p. 291.	84
218a Deutschland u. seine Kolonien im Jahre 1896. Amtl. Ber. v. Graf v. Schweinitz. C. v. Beck u. F. Imberg. Berlin 1897 Bericht über die Neubritannier.	85
219. Schwadenberg, vergl. V. B. G. f. A E U. B. XX. p. 36	85
220. H. Wilson, Nachrichten von den Palau-Iuseln. Neuere Geschichten d. See- u. Landreisen. B. I. Hamburg 1789. p. 421	85
221. Prof. Meinicke, Die Inseln des Stillen Ozeans. Leipzig 1875. p. 401.	85
222. Prof. Sievers, Australien u. Ozeanien. Leipzig-Wien 1895 p. 312.	86
223. Ratzel, Völkerkunde. B. I. p. 420.	86
224. Ranke, Der Mensch. B. 1. p. 187.	86
225. Linderer, Zahnheilkunde. p. 347. Erlangen 1851.	86
226. Fr. Müller, Allgemeine Ethnographie. Wien 1873. p. 399	86
227. A. B. Mitford, Geschichten aus Alt-Japan. Deutsch von J. G. Kohl. Leipzig 1875 p. 295.	86
228. Prof. Wilhelm Sievers. Asien. p. 403.	86
229. Dr. Gotische. Geogr. Ges. Berlin VIII. 1890. p. 195.	86
229a. Kurze Mitteilungen über Untersuchungen an lebenden Ainos v Dr. J. Koganëi. Archiv f. Anthropol., herg. v. Joh. Ranke 1896. XXIV. p. 17.	86
230. Vergl. Ranke, Der Mensch. p. 187.	87
231. Waitz, Anthropologie. B. III. p. 373.	87
232. Bastian. Ein Jahr auf Reisen. p. 255.	87
233. Bankroft, The Native Races of the Pacific-States. London 1875. B. II. p. 371.	87
234. Ranke, der Mensch. p. 187.	87
235. Dr. Siegfried Passarge, Adamaua. p. 223.	87
236. Dr. Oskar Lenz, Timbuktu, Reise durch Marokko, die Sahara und den Sudan. B. I. p. 136.	88
237. W. Kückenthal, Im malayischen Archipel. p. 156.	89
238. A. S Bickmore, Reisen im ostindischen Archipel 1865—1866. Deutsch v Martin. Jena 1869. p. 205.	89
238a. Emil Schmidt, Ceylon. Berlin 1897. p. 53.	91

	Seite der Arbeit.
239. Ratzel, Völkerkunde. B. I. p. 376	92
240. Paul u. Fritz Sarasin, Reiseberichte aus Celebes. Zeitschr. der Ges. f. Erdkunde zu Berlin. XXX. 1895. p. 340...	93
241. Brenner, Unter den Kannibalen Sumatras. p. 192 oder Globus. B. 64. Braunschw. 1894. p. 112	93
242. Prof. Selenka, Sonnige Welten. p. 29. Wiesbaden 1896	93
243. Vergl. Correspondenzblatt für Zahnärzte. 1893. p. 373	94
244. Bastian, Ein Jahr auf Reisen. p. 585	97
245. Faidherbe, Sur le prognathisme artificiel des mauresques du Sénégal. Bull. de la Soc. d'Anthrop. de Paris. 2. S. T. VII. 1872. p. 766—778	97
246. Baumann, D. Massailand zur Nilquelle. p. 159 u. 161.	98
247. " " " " p. 172	98
248. Stuhlmann, Mit Emin Pascha ins Herz v. Afrika. p. 843.	98
249. Zintgraff, V. B. G. f. A. E. U. XVIII. p. 34..	98
250. Vergl. Ubles Arbeit p. 13	107
251. Ranke, Der Mensch. p. 193	108
252. Magitôt, Bulletin de la Soc. d'Anthrop. de Paris 1883.	109
253. Joseph Thomson. Durch Massailand. p. 374.	110
254. Brincker, Globus. 1895. Braunschweig. p. 289	110
255. Jakobs. Eenigen tijd onder de Baliers. 1883. p. 127.	112